Oslo's White Night

오슬로의 하얀 밤

이득주 수필집

Oslo's White Night

오슬로의 하얀 밤

이득주 수필집

> 추천의 글

산사의 저녁 종소리처럼 울림을 주는 글

최중호 수필가, 한국문인협회 이사, 대전문인협회 수석부회장

글이란 모든 사물을 눈으로 보고 귀로 듣고 몸으로 느끼는 등, 오감을 통하여 우리 몸에 전달되는 것을 생각해 문자로 적는 것이다. 우리는 글을 읽으며 생각하게 된다. 이때 아름다운 문장을 읽을 때는 즐겁지만 그 내용이 가슴에 와닿지 않으면, 그 글은 좋은 글이라 할 수 없을 것이다.

좋은 문장에만 신경을 쓴 결과 주제가 없다면, 그 글은 독자에게 외면당하기 쉽다. 아름다운 문장에 주제가 선명한 글이라면 독자가 쉽게 공감할 것이다.

오랫동안 기억에 남는다는 것은 그 글이 독자에게 깊은 감동을 주었기 때문이다. 따라서 좋은 글이란 진실에 바탕을 둔 호소력이 강한 글이라 할 것이다. 이러한 글이라야 읽기 좋고 읽고 난 후에도 오랫동안 기억에 남을 것이다.

수필가 이득주는 2019년 『대전문학』에 등단한 후, 다시 그해 『한국수필』로 등단한 작가이다. 그가 같은 해에 지역문단과 중앙문단에 등단할 수 있었던 것은 수필에 대한 애착과 부단히 노력한 결과라 할 수 있겠다.

또한, 짧은 문단 경력에도 대전문화재단의 수혜를 받아 첫 수필집 『오슬로의 하얀 밤』을 발간할 수 있었던 것은, 그가 수필을 쓰기 위해 대전에 있는 여러 도서관을 찾아다니며 연구하고, 많은 도서를 탐독한 후, 습작에 충실한 결과라 생각된다.
　이득주의 글을 크게 분류해 보면, 부모님을 생각하는 마음과 낳고 자란 고향에 대한 향수, 그리고 끈끈한 인간의 정(情)에 있다고 하겠다.
　부모님을 생각하는 마음은 그의 글「첫 적금」과「들판에 미루나무」,「호미」등에 잘 나타나 있다.
　그는 수필「첫 적금」에서 부모님을 위해 기름보일러를 설치해 드린다. 아내가 집을 마련하기 위해 몇 년 동안 생활비를 아끼고, 부업을 해서 모아 둔 적금을 찾아 부모님 집에 기름보일러를 설치해 드린 것이다. 아내와 한 마디 상의도 없이 혼자서 결정한 일이다. 이렇듯 그는 부모님을 위한 일이라면 보통 사람이 쉽게 할 수 없는 일도 해내고 있다.
　그는 가족의 생계를 위해 고생만 하신 아버지를 들판에서 비바람과 눈보라를 맞으며 외롭게 서 있는 미루나무에 비유했고, 허리가 굽고 몸이 불편하신 어머니를 녹슬고 닳아버린 호미에 비유하고 있다. 이러한 그의 연상기법은 참으로 착상이 기발하다.

그는 요즈음에 보기 드문 효자다. 그는 부모를 위해 살아생전엔 정성으로 섬김을 다했고, 돌아가신 후에도 부모님에 대한 그리움이 그의 가슴을 채우고 있다.

　그는 시골에서 낳고 자란 까닭에 여러 편의 글에서 목가적인 시골 풍경을 잘 묘사하고 있다.

　그리고 그의 인간적인 끈끈한 정(情)은 수필 「수학여행」에서 잘 나타나 있다. 그는 가난으로 수학여행을 가지 못하게 되었는데, 담임 선생님의 도움으로 여행을 가게 된다. 수학여행 중 서울에서 뽑기 장수 구경을 하던 중, 동생 선물 사다 줄 돈을 잃어버리고 울고 있는 그에게, 담임 선생님이 돈을 줘서 선물을 사게 된다. 그 후, 그는 담임 선생님의 고마움을 잊지 못해 성년이 되어 선생님을 찾아뵙게 된다. 그의 인간적인 모습이 돋보이는 글이라 하겠다.

　그의 글은 미사여구로 꾸밈없이 느낀 그대로를 기술한 글이지만, 읽고 나면 찡하고 가슴에 와닿는 느낌이 든다. 또한, 고즈넉한 산사의 저녁 종소리처럼 독자에게 여운을 남긴다.

　수필가 이득주는 비록 지금은 독자에게 작은 목소리로 외치고 있지만, 세월이 흐른 뒤엔 더 큰 울림을 주는 작가로 거듭날 것이다.

　끝으로 수필가 이득주가 첫 번째 수필집 『오슬로의 하얀 밤』 발간을 계기로, 많은 독자에게 사랑받기를 기원해 본다.

프롤로그

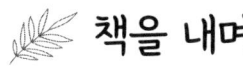 책을 내며

보약 같은 가을 햇살에 방석만 한 플라타너스 잎새들이 시나브로 익어 가고 있다. 창밖 들판의 벼 이삭도 황금 모자를 쓸 날이 가까워 온다. 집 앞 화단 모과나무도 가을 여행에 뒤질세라 불끈 몸이 달았다.

퇴직 후, 젊은 날의 꿈을 펼쳐 보자며 시민대학 수필 반에 다녔다. 문학에 대한 기본 지식도 없으면서 덥석 문학 카페에 가입하고는 글 같지 않은 글을 종종 올렸다. 지금 생각해 보니 참 무모했다. '무식한 사람이 용기 있다더니' 내가 그랬다. 다행히 카페에 계신 수필가들이 맞춤법도 잘 모르는 신입생을 어여쁘게 봐주고 가르쳐 준 덕분에 등단까지 할 수 있었다. 하지만 한동안 겁이 나 글을 쓰지 못했다.

도서관에서 수필 책을 번호순으로 꺼내 놓고 종일 읽어도 보았다. 조금 알 것 같기도 하더니 점점 더 어려웠다. 괜히 시작했나 싶고 두려움이 앞섰다. 이순신 장군처럼 저녁마다 일기를 써 영원히 남기지는 못할망정 내 인생을 되돌아보자며 나를 위로했다.

수필을 쓰면 치유의 힘을 얻는다고 한다. 그 말을 이해하는 데 꼬박 삼 년이나 걸렸다. 수필을 쓰며 마음의 안정을 느낄 수 있었다. 부끄러운 이야기를 꺼낼 때는 '좀 더 잘하고 살걸' 하며 지난날을 반성했다. 하지만 더러는 내 생각과 달리 오해를 산 일도 많았다. 돌이켜 보니 지나온 매 순간순간이 맑고 고운 빛만은 결코 아니었다. 이제야 마음을 비우고 속마음도 슬쩍 내비쳐 본다.

스쳐 지나온 사건들을 하나씩 기억해 본다. 생각나는 대로 바른말을 하며 살고 싶었지만 그렇지 못한 적도 많았다. 그때마다 혼자 새기며 내뱉지 못했던 말들을 반추해 본다. 왜 그렇게 소심하게 살았는지.

인생 여정을 돌아보며 따뜻한 글을 쓰고 싶다. 예쁘게 커가는 손녀가 먼 훗날 나의 기록을 통해 할아버지를 추억해주면 좋겠다. 글공부 기간이 짧아 여운 있는 글을 쓰지 못했다. 지금껏 살아오며 겪었던 일들과 내 생각을 처음으로 세상에 내놓아 본다.

2022년 가을. 햇볕 따스한 날에

이 득 주

차례

추천의 글	산사의 저녁 종소리처럼 울림을 주는 글 •최중호	•4
프롤로그	책을 내며	•7

1부 민들레 홀씨처럼

과일왕자	•16
첫 적금	•21
감투	•27
까칠한 형님	•32
낮 제사	•37
맏물	•42
민들레 홀씨처럼	•46
아까시나무	•51

차례

2부 생명의 꽃

생명의 꽃	·58
우물 속 대보름	·63
물통 폭탄	·68
독일 광부	·73
선배	·78
시골 빈집	·82
마지막 선물	·87
초보 총무	·92

3부 오디 익어가던 밤

강냉이죽	·98
네가 좀 해봐	·102
들판의 미루나무	·107
무궁화호에서 만난 할머니	·112
동네 목욕탕에서	·117
오디 익어가던 밤	·122
이사 가는 나무	·126
수학여행	·131

차례

4부 진달래 길

세월의 나이테	·140
잠자는 자전거	·144
호미	·149
가시 많은 준치	·153
통일벼	·158
살포	·163
진달래 길	·168
국민학교를 다녀와서	·173
입사하던 때	·178

5부 가우디와 구엘

게트라이테 거리	·184
노도의 애원	·190
백제의 흔적	·195
민족의 영혼을 찾아	·202
오슬로의 하얀 밤	·207
옥천 향수 길	·212
가우디와 구엘	·219
백마강 시인	·224

에필로그	닫는 글	·229

1부

민들레 홀씨처럼

과일왕자

길가에 노란 은행이 수북이 떨어져 있다. 하지만 아무도 쳐다봐 주지 않는다. 발로 차지 않으면 다행이다. 귀한 대접 받던 은행이 어쩌다 이런 신세가 됐는지. 그저 미안하기만 하다. 노랗고 빨간 가을이 성큼 다가왔다.

차창 밖으로 보이는 햇사과가 붉은 얼굴을 한 채 가지마다 매달려 수줍게 웃고 있다. 담쟁이넝쿨도 넘어가는 해가 아쉬운 듯 까치발로 서 있다. 창문으로 들어오는 바람이 산뜻하고 풀벌레가 들려주는 가을 노래가 고전음악처럼 청아하다. 혼자 느끼기에 가슴 벅찬 가을이 도토리 알처럼 툭툭 떨어진다. 그런 10월이 왔다.

여름내 수고한 농부의 땀과 정성이 고스란히 묻어 나온다. 찬 서리 소리 없이 내리더니 곱게 화장한 이파리들이 한잎 두잎 떨어진다. 석양에 반짝거리는 이파리 사이로 누런 열매가 얼굴을 내밀고 있다. 거봉 포도처럼 굵은 대추 알이 진홍색 윤기를 내며 주렁주렁 달려 있다. 개량종이라 그런지 예전의 작은 대추가 아니다.

어찌나 크던지 작은 달걀만 한 왕 대추다.

　대추나무의 원산지는 중국으로 우리나라에 전해 내려온 연대는 명확하지 않다. 1188년 이래 널리 재배를 권장하였다고 한다. 대추나무는 다른 유실수에 비해 열매를 많이 맺는다. 예로부터 풍요와 다산을 의미했다. 폐백 때 절을 받은 부모는 신부의 치마에 여러 개의 대추를 던져준다. 부부가 되었으니 아이를 많이 낳고 행복하게 잘 살라는 뜻이 담겨 있다. 제사에서도 대추는 차례상 첫 번째 줄에 올리는 귀한 과일이다. 대추의 큼직한 씨는 하나밖에 없는 왕(王)을 뜻한다고 한다.

　《동국세시기》에 의하면 오월 단옷날 대추나무를 시집보내는 풍속이 있었다. 나무의 줄기가 둘로 갈라진 곳에 돌을 끼워주거나 도끼나 낫으로 줄기를 이리저리 쳐서 상처를 내준다. 이렇게 하면 대추가 많이 열린다고 한다. 어려서 어른들 말씀을 듣고는 설마하고 의아해했었다. 한 해 봄에 장난삼아 시험해 보았더니 실제로 해거리도 덜하고 많이 열렸다. 나중에 전문가한테 문의를 해보니 일리가 있는 이론이었다. 나무줄기가 상처받게 되면 뿌리에서 흡수한 질소 양분은 올라가다 멈춘다. 반대로 잎에서 만들어진 탄수화물은 내려가기 어렵게 된다. 이로써 탄질소율 값이 커져 열매가 많이 맺힌다고 한다.

국민학교 시절 하굣길에. 골목길 부잣집 마당에는 대추나무 몇 그루가 있었다. 집 근처에 주인이 보이지 않으면 잽싸게 나무에 올라가 가지를 마구 흔들어댔다. 잘 익은 대추가 도토리 떨어지듯 쏟아지면 친구들과 신나게 주워 먹었다. 먹을 게 별로 없던 시절 생대추 서너 개만 주워 먹어도 굶주린 배는 든든해졌다. 하지만 땅바닥에 떨어진 대추를 줍는다고 정성 들여 가꾸어 놓은 주변의 콩밭과 김장 무밭을 마구 짓밟아 놓았다. 대추만 따 먹은 게 아니라 다된 농사도 망쳐 놓았으니 농부들한테 우리는 날마다 얄미운 불청객이었다.

봄이 오면 다른 나무들은 빠르게 잎도 나오고 꽃도 피우며 부지런히 움직인다. 하지만 대추나무는 세상 느긋하다. 충청도 우리 고향 사람들 같다. 한참을 지나도 아무런 반응이 없다. 아무래도 겨울 추위에 나무가 죽었나 하고 의심할 정도가 된다. 그때서야 새순을 내밀고 별을 닮은 꽃은 느지막하게 피운다. 이렇듯 대추나무는 늦게 꽃 피워 게으름을 부리는 것 같지만 가장 먼저 추석 상에 오르는 귀한 열매를 선물해 준다.

옹골찬 열매를 맺기까지 이렇듯 충분한 시간이 필요하다. 사람도 마찬가지리라. 아이가 자라 속이 꽉 찬 성인이 되려면 영그는 시간이 필요하다. 성인된 자식이 혹여 남들보다 취업이 늦어지고 결혼을 못 했다고 나무라며 면박 줄 일이 아니다. 그저 느긋하게 기다릴 줄도 알아야 한다. 대추나무가 유실수 중에서 제일 늦게 새순이 나오고 꽃도 피지만 나중에 알찬 열매를 맺는 것처럼….

나는 어려서 좀 느리고 멍청한 구석이 많았다. 달리기도 영 못했다. 국민학교 운동회날이면 대여섯 권씩 공책을 타오는 친구가 그렇게 부러울 수가 없었다. 직장생활도 그랬다. 욕심도 없고 성격도 낙천적이다 보니 승진은 동기생들보다 몇 년씩이나 늦었다. 이재에도 어두워 남들보다 아파트도 일찍 장만하지 못했다. 하지만 이제 와 생각해 보면 서둘러 약삭빠르게 세상을 산 친구들보다 크게 피해를 본 것도 없다. 좀 늦으면 어떤가, 한눈팔지 않고 천천히 걷다 보니 남들이 부러워하는 정년퇴직까지 하지 않았나!

우리나라 국민은 다른 나라 사람들보다 성질이 급한 것 같다. 지난해 우리나라의 교통사고와 자살률이 경제협력개발기구(OECD) 36개 회원국 중 1위라고 한다. 이런 불명예의 이면에는 조급증도 한몫한다.

과일 중에 으뜸인 대추가 천천히 꽃을 피워도 가을이면 풍성한 수확을 안겨 주는 것처럼 느긋한 삶을 배우려고 한다. 한방(韓方)의 대추처럼 이웃과 더불어 조화롭게 살아가는 부드러운 사람이 되고 싶다. 제사상에 올리는 대추가 '왕'을 뜻했다니 이제부터 햇대추는 과일 왕자라 불러 주어야겠다.

예쁜 손주를 낳아준 며느리가 유독 생대추를 좋아한다. 시장에서 생대추를 만나면 한 상자 사 들고 며느리에게 간다. 현관으로 달려 나온 며느리는 왕 대추를 받아 들고 얼굴에 화색이 돈다. 생대추가 소고기보다 더 맛있단다. 내일이 유성 오일장이다. 맛있는 왕 대추가 시장에 나왔는지 일찌감치 가봐야겠다.

첫 적금

결혼 후 7년 만에 첫 적금을 탔다.

그동안 아내는 저녁마다 단칸방 방바닥에 엎드려 지갑 속 동전을 세고 또 세었다. 시집올 때 가져온 혼수품 1호 네 알 주판도 덩달아 바쁘게 달그락거렸다. 표지가 낡아 너덜너덜한 가계부도 저녁마다 아내의 옆에 있었다.

어느 날이다. 퇴근하자마자 아내는 아랫목 담요 속에 깊숙이 묻어둔 따끈따끈한 공깃밥을 밥상에 올려놓으며 오늘 좋은 일이 있다며 신이 나 있었다. 무슨 일이냐고 물었더니 아내는 부끄러운 듯 수줍은 표정을 지으며 적금통장 하나를 내놓는다. "우리도 이제 조금만 더 고생하면 몇 년 안에 집을 장만할 수 있겠다. 그렇지?"

그간 고생한 보람이 통장 안에 다 녹아 있는 듯 뿌듯해하는 모습이 역력했다. 아내가 결혼한 후 이렇게 흥분하며 좋아하는 건 처음이지 싶다.

어느 여름날 시골집에 갔으나 부모님이 계시지 않았다. 마침 이웃집에서 웅성거리며 떠드는 소리가 크게 들려 그 집에 갔다. 모든 가재도구를 마당에 꺼내 놓고 기름보일러 공사를 하고 있었다. 부모님도 마을 사람들과 함께 그 집에 계셨다.

"우린 언제 저런 기름보일러를 놓고 따신 물 한번 써 본다니?" 하시는 어머니의 얼굴엔 부러움이 가득했다. 이웃집 아주머니들도 이곳저곳을 들여다보며 신기해하셨다. 나도 부러운 마음이 들었지만 멀끔히 쳐다만 보다 집으로 돌아왔다.

평소 이웃집 아저씨는 나이도 젊고 부지런했다. 벼농사는 물론이고 소 돼지도 여러 마리 키우셨다. 돈을 언제 이렇게 많이 모아 기름보일러를 놓을까? 궁금하기도 했다. 아무튼 그 집이 우리 동네에선 처음 기름보일러를 설치한 것이다.

서산집으로 돌아와 저녁을 먹으면서 아내에게 시골 다녀온 얘기를 했다. 부모님이 계신 시골집은 부엌에서 불을 때는 재래식이라 겨울이면 춥고 화장실이나 부엌도 사용하기 불편했다. 그래 아내에게 시골집에 기름보일러를 하나 놔 드리자고 이야기해 봤다. 아내는 가타부타 아무 말도 하지 않았다.

며칠이 지났다. 밤마다 잠자리에 눕기만 하면 천정에서 보일러 돌아가는 소리가 윙윙거리며 귓가를 떠나지 않았다. 그렇게 며칠을 보일러만 생각하며 지냈다.

'효도도 때가 있다. 이참에 부모님 계신 시골집에 기름보일러를 설치해 드려야겠다. 내 집이야 뭐, 다시 돈을 벌어 사면되는 거지.' 하고 단순하게 생각했다. '설마 아내가 내가 하는 일에 반대는 하지 않겠지.' 이렇게 생각하고 주말에 집수리 업자를 만나 공사를 맡겼다. 나뭇불 때던 아궁이 대신 기름보일러를 놓고 입식 부엌과 수세식 화장실을 만드는데 제법 많은 돈이 들어갔다. 처음 생각했던 것보다 훨씬 많이 들었다.

집에 돌아와 아내한테 이야기했다. 그러자 아내는 내 이야기도 끝나기 전에 아이를 업고 밖으로 나가 버렸다. 순간 찬바람이 눈보라와 함께 부엌에서 안방으로 쌩하고 들어왔다. 나는 직감적으로 무언가 잘못 돌아가는 것을 느꼈다. 보던 텔레비전을 껐다. 그리고 나서 벽 한쪽 모서리에 기댄 채 눈을 감았다. 일이 벌어져도 크게 벌어질 모양이다. 앞으로 어찌해야 할지 막막하기만 했다. 아내는 자정이 지나서야 집에 들어와 아이만 재운 후, 다시 나가버렸다.

잠시 후 부엌에서 흐느끼는 소리가 들렸다. 달려 나가서 싫다는 아내를 간신히 달래 방으로 데려왔다.

"미안해, 내가 당신과 한마디 상의도 없이 일을 저질러서."

아내의 손을 잡고 연신 사과를 했다. 그래도 아내는 화가 풀리지 않았다. 계속해서 "잘못했다."라고 말했다. 시골에서 평생 고생만 하고 계시는 부모님이 항상 마음에 걸려 효도 한번 해 보고 싶어 그랬다고 했다. 울먹이던 아내는, "그래도 나하고 상의는 한 번 했어야지. 가난한 집에 시집와서 먹고 싶은 것 안 먹고, 입고 싶은 옷 안 사며 모아 탄 첫 적금인데, 말 한마디 없이 우리 전 재산을 가져다 줘?" 하며 소리치는 아내가 그날따라 무섭기만 했다. 아내에게 면목이 없었지만, 아내가 이렇게까지 나올 줄은 미처 몰랐다. 결혼 후 내게 최대의 위기가 닥쳐왔다.

아내가 그렇게 나오는 데는 그럴만한 이유가 있었다.

결혼 후, 아내는 부업을 하기 시작했다. 방에다 재봉틀 비슷한 기계를 들여놓고 조화용 꽃잎을 찍었다. 방바닥에 쪼그리고 앉아 종일 해봤자 삼천 원밖에 못 번다기에 그만두라고 했다. 전기에서 뜨거운 열이 나오고 먼지도 많이 나는 그 일을 아내는 몇 년간 계속했다. 그 뒤로 소득이 별로 없었던지 갑자기 야쿠르트 옷을 입고 나타났다. 새벽 일찍 출근해 손수레를 끌고 온종일 걸어 다녀야 하는 중노동이었다. 어느 날 시간이 있어 아내를 따라가 보았다. 아내의 담당구역은 언덕이 많은 단독주택가였다.

한 번은 좁은 골목에서 손수레를 끌고 나오다 트럭과 부딪쳐 큰 사고를 당했다. 다리와 허벅지를 많이 다쳐 아플 것 같은데 아무런 말 없이 꾹 참고 있었다. 내가 다시 그 일을 못 하게 할까 봐 그랬다. 아내는 그 사고로 열흘간 병원에 입원한 적도 있었다.

 시골집 수리 공사는 이십여 일 만에 끝이 났다. 넓어진 안방은 환했고 바닥도 따끈따끈했다. 수세식 화장실과 목욕탕도 생겼고, 밥도 이젠 가스레인지로 할 수 있게 되었다. 어머니는 무척이나 좋아하셨다. 동네 사람들도 구경 와 큰아들 잘 됐다고 칭찬해서 기분 좋았다고 하셨다. 아내에게는 미안했지만 부모님이 좋아하니 잘한 일이라 생각했다.

 그날 밤엔 대추나무 가지 끝에 걸린 보름달도 휘영청 밝게 비치고, 지붕의 호박넝쿨 또한 신비로운 달빛을 머금어 더욱더 푸르게 보였다.

 아버지께 부탁을 드렸다. 며느리한테는 일단 고맙다 하고, 나중에 너희가 집을 살 때 그 돈을 갚아 주겠다고 말씀하시라고 했다. 그렇게 해서 뒤얽혔던 아내 마음을 간신히 풀 수 있었다.

그 일이 있은 뒤로 나는 모든 일을 아내와 함께 상의하고, 가능하면 아내의 말을 따르기로 하였다. 아내와 상의 없이 내 멋대로 일을 저지르던 나쁜 버릇도 고치게 되었다. 지금까지 월급도 내 통장에 넣고 마음대로 쓰던 것을 아내 통장에 넣었다.

돌이켜 생각해 보면 아내가 넣었던 적금은 내 것이 아니었다. 내 적은 월급에다 아내가 생활비를 절약하고 부업을 해서 마련한 돈이었다. 어려웠던 시절. 철부지 남편 만나 불평 없이 꿋꿋하게 살림해 온 아내가 고맙기만 하다.

지금도 아내는 가끔 내게 "당신, 장가 한번 잘 간 줄 알라고." 이야기한다.

감투

　가로수도 한낮이면 팔다리를 축 늘어뜨리고 헉헉거리는 8월. 자전거를 타고 집 앞 사거리를 지났다. 어제까지 못 보던 플래카드가 게시대에 걸렸다. 주민자치 위원을 모집한다는 공고였다. 처음 보는 내용이라 의아했지만 나와 상관없는 일이지 하고 그냥 지나쳤다.

　그 후 며칠을 오가며 플래카드에 눈도장을 찍었건만 녀석은 매정하게 아는 체는 커녕 눈빛 인사도 없다. 은근히 화가 치밀어 어떤 놈인가 자세히 보려고 자전거를 세웠다. 어깨에 멘 가방에서 돋보기까지 꺼내 맨 윗줄부터 읽었다. '내동 주민이면 누구나 주민자치 위원이 될 수 있습니다. 구청에서 실시하는 6시간 소양 교육만 받으면 됩니다. 그리고 행정복지센터에 신청하면 됩니다. 추첨으로 위원을 뽑습니다.' 이런 내용이었다.

　그런데 '행정복지 센터' 영 낯설다. 옛날처럼 '동사무소' 하면 쉬울 것을 요즈음은 ○○동 행정복지센터라고 길게 써 놓았다. 주

　민등록 떼러 가는 동사무소인지 노인 돌봄 사업하는 사업장인지 헷갈린다. 나이 드신 어른들이 보기엔 익숙지 않은 이름이다. 나 같은 시골 출신은 'ㅇㅇ 면사무소'란 단어가 머릿속에 깊숙이 각인되어 있다. 젊은 시절 호적초본이나 병적증명을 떼러 이십 리길 땀 흘리며 찾아가면 커다란 느티나무가 수문장처럼 정문을 지키고 있어 기가 죽던 기억이 새롭다.

　주민자치 위원이 무엇하는 것인지 궁금하기도 하고, 6시간 교육만 받으면 위원이 될 수 있다니 모처럼 감투 욕심이 생겼다. 집 앞 사거리에서 멀지 않은 행정복지센터를 찾아갔다. 출입구 가까이에 있는 직원에게 주민자치 위원에 대해 문의하러 왔다고 하니 행정팀장한테 가보라며 자리를 안내해 주어 행정팀장을 만났다. 찾아온 이유를 말하니 내일부터 6시간 강의를 듣고 확인증을 가져오면 등록할 수 있다고 친절하게 알려준다.

다음날 교육 장소인 월평도서관을 찾아 강사로부터 주민자치회의 역할에 대한 기본교육을 받았다. 주민자치의 시초가 민주주의 국가인 유럽에서부터 시작되었고 주민들의 열의와 만족도가 대단히 높다고 했다. 그동안 행정방식이 기관의 일방적 시스템이었다면 이제부터는 주민들이 모여 다양한 생각과 요구를 함께 논의하고 결정하는 주민 대표 기구다. 주민자치 활동이 궤도에 오르면 자생력이 강화되고 주민 중심의 자치분권을 실현할 수 있다.

소정 교육을 마치고 위원 신청서를 접수했다. 그리고 보름 정도 지난 9월 말, 행정복지센터에서 전화가 왔다. 위원 추첨 행사가 있으니 참석하란다. 예전 여러 곳에서 선물을 주는 추첨이 있었지만 당첨된 적은 거의 없다. '이번에도 응모한 사람이 많을 텐데 설마 내가 되겠어' 미리 결론부터 내리고 참석하지 않았다. 그런데 다음날 행정팀장한테 전화가 왔다.

내동 주민자치 위원에 당첨되었다는 그날은 무슨 큰 행운이라도 잡은 듯 종일 하늘이 다 파랗게 보이고 발걸음도 새 신발을 신은 듯 산들거렸다. 아무튼 누구한테 자랑은 못 하고 총각이 예쁜 처녀를 만나 데이트할 때처럼 살금살금 미소도 터져 나왔다. 아마 옆에서 누가 봤으면 실성한 줄 알았을 것이다. 요즘 좋아할 일이 별로 없었기에 더 그랬는지도 모른다.

11월 초 행정복지센터 회의실에서 위촉장을 받았다. 높은 자리에 계신 구청장이 직접 나와 일일이 주먹 악수를 청하며 축하한다는 인사도 해 주었다. '역시 감투는 좋은 것이야!' 아직 살면서 평생 구청장을 만날 일도, 구청장이 찾아올 일도 없었다. 하지만 오늘은 주민자치 위원이 되었다고 회의장을 꽉 메운 70여 명의 주민이 손뼉을 쳐주니 어릴 적 졸업식장에서 우등상이라도 받던 기분이랄까. 오랜만에 우쭐해졌다.

위촉식이 끝나자 구의원, 시의원들이 어떻게 알고 찾아왔는지 좁은 회의실을 빙빙 돌며 축하 인사를 해 준다. 이제 2만여 명이 사는 동네 위원이 되었다. 완장이 생겨 어깨에 약간 힘이 들어갔다. 아마 이런 맛에 지역마다 이름도 다양한 무슨 위원회, 협의회, 새마을회 위원을 하나 보다. 아무튼 내가 23년 살아온 동네에 무언가 조그만 봉사라도 할 수 있다는 생각에 잘했다고 내 어깨를 두드려 주었다.

옆에 있는 분들과 대화를 나누어 보니 그간 묵묵히 자원봉사를 해 온 분들이 의외로 많았다. 지나온 세월 직장에 얽매여 살아온 지역에 아무런 봉사도 하지 못한 내가 새삼 부끄러워졌다.

분과 회의 날. 먼저 각자 자기를 소개했다. 내 순서가 되어 직장에서 정년하고 쉬고 있으며 컴퓨터는 조금 할 줄 안다고 했다. 옆에 앉은 여성회원이 나이 드신 분이니 분과장을 하라고 추천했지만 한사코 사양했다. 대신 젊은 분들 시키라고 말해 주었다. 다행히 앞에 앉은 젊은 여자가 본인이 해 보겠다며 당차게 나왔다. 이렇게 해서 분과장은 쉽게 선출되었다. 분과장이 서기를 뽑아야 한다며 자진해서 할 사람 손들라니 아무도 없다. 그러자 분과장이 "이 위원님! 컴퓨터 잘하신다고 했잖아요. 그럼 서기 좀 해주세요."라는 바람에 도망갈 틈도 없이 졸지에 서기에 뽑혔다. 머리가 하얀 주제에 분과위원들 앞에서 괜히 컴퓨터는 할 줄 안다고 떠들다가 또 감투를 썼다. 늘그막에 감투 좋아하다 망신이나 당하지 않을까 벌써 걱정이 앞선다. 우리 분과장은 28살 젊은 주부다. 의욕이 넘친다. 그날도 나는 지루한 회의라 휴대전화를 보며 잠깐 딴짓하고 있었다.

"서기님! 잘 받아 적으시는 거죠. 이따 회의록 제출하고 가세요."

앞으로 막내딸 같은 분과장한테 꼼짝 못 하게 생겼다. 주민자치회는 주민 누구나 자발적으로 참여하여 지역 공동체 문제를 스스로 결정하고 집행하며 책임지는 민주적인 조직이다. 주민들의 다양한 생각과 요구들을 잘 받아들여 풀뿌리 민주주의가 우리 마을부터 실현될 수 있으면 좋겠다. 주민자치 위원으로 얼마나 있을지 모르지만, 여태껏 이웃에게 도움만 받고 살았으니 남은 세월 손품, 발품이라도 조금 베풀고 갈 수 있으면 하는 바람이다.

까칠한 형님

며칠 전 출근길. 회사 경비실 형님의 안색이 안 좋아 보였다. 여느 때처럼 창문을 열고 아침은 잡숫고 오신 거냐고 인사했더니 "새벽부터 배가 아파 그냥 왔어." 하면서 봉지 커피를 마시고 있었다.

4개월 전이다. 제2의 직장에 처음 출근한 다음 날, 나이 지긋한 선임 형님이 나를 불러 세우더니 "어제 창고에 전등 하나는 왜 안 끄고 나갔어?" 또 다음 날은 "어제 화장실 창문 하나 안 닫고 갔대."

이렇게 매일 군대 훈련소 조교처럼 엄하게 한마디씩 했다.

'아 기술직에 선임 텃세가 있다더니 정말이네. 참아야지 뭐. 풋내기가 별수 있나.' 생각하면서도 속으론 은근히 화가 났다. '별것도 아닌 걸 가지고 아침부터 닦달이야. 자기나 나나 소장 밑에 똑같은 직원인데.' 투덜대며 근무한 지 벌써 서너 달이 지났다.

이런 스트레스를 받으며 야근하는 날이면 긴장해서 그런지 밤에 잠도 안 오고 새벽에는 30분 간격으로 잠이 깨어 자꾸만 시계를 들여다보게 된다. 이제야 36년 정년퇴직하고 나온 직장이 참으로 편했고 후배들이 잘 따라 주었구나 생각하게 되었다.

 현직에 있을 때 지금 형님처럼 새로 들어온 후배한테, 이렇게 모질고 차갑게 대하지 않았는지 되돌아보았다. 역지사지라 하지 않았나! 상대방 처지에서 조금만 생각해 주면 서로 기분 좋게 소통할 수 있고, 관계도 좋아지고 능률도 오른다. 직장 교육 때마다 반복해 듣고 또 들었건만, 부장이 무슨 큰 벼슬이라도 되는 것처럼 냉정하고 원칙만 따지다 퇴직한 것을 후회하게 됐다.

 이년 전, 정년 퇴임 후 서너 달은 고삐 풀린 망아지처럼 신나게 돌아다니고 놀았다. 아내도 평생 고생했으니 이제 마음 놓고 쉬라고 했다. 그렇게 몇 달 지내고 나니 슬슬 지겹기도 하고 집에서 삼시 세끼 먹기도 눈치가 보였다. 이제 남들이 말하는 세끼 찾아 먹는 남편이 되어 간다고 생각하니 앞길이 막막했다. 나이 먹어서도 할 수 있는 일을 찾다보니, 언젠가 신문에 은행지점장 하던 분이 보일러 자격증을 따, 재취업했다는 기사를 본 기억이 있어 무조건 학원을 찾아가 보았다.

 기술학원 원장을 만나 "우리 같은 사람도 수강하면 자격증 딸 수 있나요?" 여쭈어보니 6개월 정도만 열심히 하면 가능하다고 알려 주었다. 그 자리에서 당장 등록하고 왔다. 다음날부터 빨간 불꽃에 두려운 굉음까지 나는 가스용접에, 파이프 절단, 배관작업을 실제 해보니 등에서 식은땀은 났지만 배우는 재미도 있었다.

첫 시험에 꼭 합격하고 말겠다는 각오로 열심히 실습하고 공부한 덕분에 다행히 국가공인 에너지관리자격증과 가스자격증을 땄다. 이걸로 한 달 전 어려운 재취업에 성공했다. 첫 월급을 타니 금액이야 전 직장의 이십 퍼센트밖에 안 되었지만 기분은 매우 좋았다. 작지만 수입이 생기니 식구가 놀러 간다면 찬조금도 주고 아이들 생일날 축하 봉투도 만들어 주고 아들딸이 오면 맛집에 들러 밥 사주는 재미가 쏠쏠했다.

지난달에는 며느리가 결혼 2주년이 되어 손수 쓴 편지를 써 20만 원을 넣어 보내 주었다.

새 아가 정희에게!
우리가 함께 살아온 지 벌써 2년. 새 식구 너를 맞이하여 집안에 활력이 되었고, 서로 관심과 배려하는 마음으로 함께 한 2년이 즐겁고 행복했다. 평생을 함께할 반려자로 용문이를 선택해 준 네가 지금 생각해도 감사하다.

마음 같아서는 풍족한 신혼 환경을 만들어 너를 맞이했으면 얼마나 좋았을까마는 그렇지 못해 미안할 따름이구나. 다만, 우리 부부가 함께 인생을 살아오면서 가진 것은 부족할망정 남에게 손 내밀지 않았고 남 부끄럽지 않게 살아왔단다.

내가 바라는 것은 너희 둘이 앞으로 살아가면서 힘든 날들이 온다고 하더라도, 서로 아끼고 사랑하는 마음만은 변하지 말고 열심히만 살아다오. 서로가 서른 해 넘게 이질적인 환경에서 자라온 만큼, 하나로 살아가는 데는 오랜 세월이 걸릴지도 모른다. 서로 상처 주는 말들은 일생에 한 번이라도 하면 안 되고, 항상 상대방의 처지에서 생각하고 말하고 행동하여야 한다는 것이 너희들보다 한 세대 앞서 살아온 인생 선배의 좌우명 같은 생각이다.

예쁜 우리 새 아가 정희야! 지금은 예전과 달라 친정이든 시집이든 똑같은 내 집이니, 항상 친정의 부모님께도 걱정 끼쳐 드리지 않도록 마음을 써드리고 열심히 살아주렴.

너희 가족이 예쁘게 사는 모습을 볼 때마다 나도 절로 행복해진다. 더도 말고 지금같이만 살아준다면 나로서는 더 바랄 나위가 없단다. 물질의 풍요함은 못 주더라도 따뜻한 마음만은 아주 많이 주련다. 결혼 2주년을 진심으로 축하한다.

다음날 며느리한테 문자가 왔다. "아버님 편지 받고 감동했어요. 용돈은 아까워서 못 쓰겠어요. 소중히 저축하겠습니다. 남편한테 못 받은 감동을 아버님께 받네요."

사무실에 도착해 동료한테 선임 형님의 근황에 관해 물었다. 나이는 70이 조금 넘었고 요새 부인이 손주 봐주러 서울에 간 바람에 혼자 생활한다고 한다.

열한 시 반경 슬그머니 사무실을 나와 주변에 죽 가게가 있나 찾아보았다. 다행히 멀지 않은 곳에 이름난 죽 가게가 있었다. 죽을 먹으려는 사람들이 어찌나 많은지 깜짝 놀랐다. 호박죽을 몇 개씩이나 포장해 가는 여직원들도 보였다. 한참을 기다려 전복죽 한 그릇 사서 경비실에 갖다 드리고 "형님 아침도 못 먹고 오셨을 텐데 이거라도 한 그릇 드시고 힘내세요." 하고 왔다. 관리실에 들어오니 같이 밥해 먹는 소장과 경리 아주머니가 대뜸 "열두 시 점심때가 지났는데 어디 갔다가 이제 와." 하며 또 한 방 먹인다.

풋내기는 오늘도 아무 소리 못 하고 묵은지 김칫국에 시름을 말아 먹었다.

낮 제사

어머니, 어제 고향에 다녀왔습니다. 아버지 기일이어서 동생들과 산소에 모여 낮 제사를 지냈습니다. 옛날처럼 자정 무렵 찬물로 세수하고 경건하게 제를 올려야 도리인 줄 알면서, 또 불효하고 말았습니다.

세월은 흘러 아버지가 돌아가신 지 벌써 4주년이 되었습니다. 지난날의 추억이 바람꽃처럼 아련하게 다가옵니다. 어머니도 작년 구월 아버지 곁을 그리워하며 따라가셨지요. 두 분이 떠나시고 맞이하는 첫 번째 제사라 추모하는 마음이 더욱더 애틋합니다. 살아생전 부모님께 다하지 못한 효를 뉘우쳤습니다. 남은 자손끼리 우애하며 행복하게 살 수 있도록 도와주실 것을 간곡히 빌었습니다.

"어머님, 솔직히 말씀드릴게요. 이번에도 음식은 집에서 준비하지 못했습니다." 예로부터 제사는 정성이 다라고 했는데, 가족들이 바쁘다며 제물을 사다 쓰자고 했습니다. 그저 쉬운 대로 시장

에서 시루떡, 마트에서 포와 과일을 사서 제사 올렸습니다. 생전에 아버지께서 미역국을 좋아하셨는데, 그것도 못 챙기고 찬 음식만 올려 죄송합니다. 저희 성의가 부족하단 말은 차마 못 하고 시대가 그렇다고 탓해 봅니다.

예전처럼 저녁에 제사 지내고 새벽에 출근하려면 힘이 듭니다. 저만 그런 줄 알았는데 멀리서 사는 동생들도 그렇다니 어쩌겠어요. 부모가 자식을 이길 수 없다는 옛말처럼 염치는 없지만 용서해 주세요. 돌아오는 9월, 어머님 제사도 오늘처럼 낮에 지낼 예정이오니 꼭 기억해 두세요. 부모님의 사랑을 듬뿍 받고 살아왔는데 제사 예절 하나 지키지 못해 송구합니다.

부모님께서 떠나신 자리가 너무나 큽니다. 살아계실 때는 전혀

깨닫지 못했습니다. 동생들은 저에게 '어른 노릇 잘해 달라고, 큰형이 부모 대신 아니냐고' 무언의 압박을 합니다. 부모님께 응석부리던 버릇이 아직도 남아 있나 봅니다. '어머니! 어머니도 자식 걱정으로 잠 못 이루신 날들이 많았지요.' 이제야 부모님의 심정을 손톱만큼이나마 헤아릴 수 있게 되었습니다.

어머니께서 아버지를 따라 하느님 곁으로 가신 후, 저는 몇 달 동안 가문을 화목하게 이어가야 한다는 책임감으로 잠 못 이루는 날이 많았습니다. 그동안 아내와 자식만 바라보고 살았는데 이제는 여섯 동생이 눈에 아른거립니다. 남겨주신 유산을 놓고 어떻게 분배해야 할지 고민에 빠졌습니다. 맏이라고 저한테 특별히 많이 챙겨 주셨지요. 어머니 유언대로만 처리하면 쉽겠지만 그래도 섭섭해 할 동생들 얼굴이 떠올랐습니다.

여러 날 고민 끝에 칠 남매가 똑같이 나누는 것으로 계획을 바꾸었습니다. 제사를 마친 후 가족회의를 열어 동생들에게 제 계획을 얘기했지요. 하지만 자신의 것이 적다며 불평하는 동생이 나왔습니다. 저는 동생들에게 "앞으로 형제끼리 화목하게 사는 것이 제일 중요하다. 모두가 섭섭하지 않도록 공평하게 나누었으니 검소하게 사신 부모님을 생각해서 소중하게 받았으면 좋겠다." 그렇게 설득했습니다.

한동안 어두운 침묵이 흘렀지요. 이때 밖에서 소소리바람이 세차게 불더니 유리 창문을 탕탕 두드리는 소리가 났습니다. 돌아가신 아버지 목소리 같았습니다. '너희들 재산 두고 싸우면 안 된다. 형이 여러 형편을 생각해서 결정한 것 같으니 모두 그대로 따라라!' 이 소리를 다 들었는지 아무도 반대하지 않았습니다. 쉽지 않은 일이었지만 원만하게 합의를 보았습니다.

다음날 다시 산소에 갔습니다. 쑥쑥 올라오던 잡풀을 뽑아내고 그 자리에 새 잔디를 입혀 드렸습니다. 아버지 묘에서 잘 내려다보이는 입구에는 영산홍 묘목 백여 그루를 심었습니다. 봄이면 어머니가 만개한 분홍색 꽃봉오리를 올려다보며 친정을 그리워하던 꽃나무입니다.

칠 남매가 모여 한방에 잘 때면 흐뭇하게 지켜보며 밤새 이불을 끌어다 덮어주시던 어머니. 오늘은 우리가 부드러운 황토를 떠서 봉분에 이불처럼 덮어드렸습니다.

산에서 내려오는 길에 새소리가 들렸습니다. 뒤돌아보니 산소 뒤편 소나무 우듬지에 까치들이 몰려와 합창하고 있었습니다. 선산에서 들려오는 청아한 까치 소리를 듣고 있자니 오롯이 부모님과 함께했던 어린 시절이 흰 구름 되어 흘러갑니다. 고운 새소리에 빠져 발걸음을 멈추고 그 자리에 한참이나 서 있었습니다.

그때 하늘에서 단비가 조용히 내려왔습니다. 산소 앞에 좋아하던 영산홍을 심어 놓고 유산도 사이좋게 나누는 걸 보고, 목이 메어 우는 아버지 눈물 같았습니다. 혼자 고민하던 상속 문제도 해결하고 제사도 지내고 나니 이제야 홀가분했습니다. 시나브로 나이 들어가는 동생들 얼굴을 보니 어릴 적 개구쟁이 모습이 어렴풋이 남아 있었습니다.

  재산이야 없다가도 생길 수 있지만, 형제간 우애는 한번 갈라지면 붙이기 어렵다는 걸 이웃에서 많이 보아 왔습니다.

  '어머니! 어머니 소원대로 형제끼리 잘 살게요.'

맏물

 지난해 봄이다. 겨우내 얼어붙었던 땅이 녹고 밭둑에 풀이 파릇파릇 손을 내밀었다. 어머니는 어느새 비닐을 꺼내 텃밭에 깔기 시작했다. 몇 년 전부터 "이제 농사일 더는 못 하겠다." 했지만 봄만 되면 고추 모를 사다 심었다.
 고추 모를 심은 후 한 열흘 동안은 잎들이 시들 배들 해진다. 온종일 따뜻한 비닐하우스에 머물다 하루 아침에 허허벌판으로 나왔으니 엄청난 시련일 것이다. 그 기간이 지나야 고추 뿌리는 땅 내를 맡고 착지한다. 대가 탄탄해지고 잎들은 작은 바람에도 너울거리며 선연해진다.
 이때쯤 줄기에서 Y자 모양의 가지가 나온다. 어머니는 여기를 '방아다리'라 했다. 방아다리 아래에서 나오는 곁순은 모조리 따 주어야 한다.
 지주목을 세우고 포기 사이에 요소비료를 한 숟가락씩 넣어 주면 고추 모는 무럭무럭 잘 자란다. 모든 식물은 햇볕을 먹으며 성장한다. 온기를 먹고 달려온 바람은 가끔 반가운 소나기도 안고 달려올 것이다.

 방아다리에 첫 열매가 달리기 시작한다. 포기마다 한 개씩 자랑스럽게 달고 나와 그동안 잘 키워주어 고맙다고 인사하는 것만 같다. 어머니는 연둣빛 고추가 땅을 내려다보며 다소곳이 달린 모습을 보곤 흐뭇해했다. 그러던 어느 날 방아다리에 달린 고추를 모조리 따라고 한다. "어머니! 익지도 않은 첫 열매를 왜 다 따요." 나의 물음에 그걸 놔두면 영양분이 거기로 몰려서 고추가 덜 달린다고 알려 주었다.

 고추 줄기에 처음 열리는 고추를 '맏물'이라고 했다. 맏물은 크기도 작고 모양도 그리 예쁘지 않다. 주름이 잡히고 기형인 것도 있다. 많은 열매가 달리다 보면 이렇게 작고 얼굴도 못생긴 열매가 하나씩 생기는 법이다. 누군가는 감당해야 할 몫이다. 맏물은 이렇게 태어나면서부터 본의 아니게 차별 대우를 받게 된다. 하지만 맏물이 없으면 둘째도, 셋째도 나올 수 없는 게 아닌가.

어렸을 적 일이다. 국민학교에 다니던 여동생이 '일본뇌염'에 걸렸다. 병원이 별로 없었던 시절, 부모님은 침쟁이 노인을 찾아다니며 침을 맞혔다. 온 동네에 비상이 걸렸고 사망한 아이가 생길 정도로 무서운 병이었다. 사경을 헤매던 여동생은 부모님의 정성으로 두 달 만에 간신히 살아났다.

그러던 어느 날 집 앞에서 힘없이 쓰러져 병원 신세를 지기 시작하더니, 지금껏 육십이 다 되어 가도록 집에 오지 못하고 정신 보호시설에 머물고 있다. 만물 고추가 못 생기고 기형이듯 집안에 여러 형제가 태어나다 보면 허약하고 부족한 사람도 있게 마련이다. 여동생도 그중에 한 사람이다.

정신 시설에서 오랫동안 생활해 온 여동생은 최근 상태가 조금 나아져, 한 달에 한 번 특별휴가를 나와 혼자 계신 어머니를 돌본다. 다른 형제들은 맞벌이와 자식 뒷바라지에 소홀할 수밖에 없다. 나부터도 직장을 핑계로 자주 시골에 가지 못했다. 하지만 여동생은 가진 것 하나 없이 시설에서 평생을 살고 있지만, 기쁜 마음으로 일주일씩 머물며 식사도 챙겨드리고 교회도 같이 다녀오고 정성을 다한다. '못생긴 자식이 효도한다'라는 말이 있다. 몸도 마음도 온전穩全치 못해 자기 앞가림도 제대로 못 하는 여동생이 구순의 어머니를 끔찍이 챙기고 있다.

피붙이 자식 하나 없는 여동생이 내년이면 육십이 된다. 나를 졸

졸 따라다니며 재롱부리던 시절이 엊그제 같건만 가엾이 나이를 먹어 간다. 만물 같기만 한 여동생을 면회하고 올 때면 운전대에 한없이 눈물을 흘렸다. 부모님을 도와서 어떻게든 병을 고쳐 주었어야 했는데, 나 살기 어렵다고 손을 써 주지 못했다. 그런데도 형제들을 위해 만물이 되어 준 동생을 보면 늘 죄인 같아 미안하다.

여동생은 평생 시설에 머물며 밀려오는 그리움을 어찌 잊고 살았을까. 그리운 고향, 그리운 친구가 생각나면 멍하니 고향 하늘만 쳐다보았겠지. 저를 이곳에 보낸 부모와 오빠를 얼마나 원망했을까. 생각만 해도 가슴이 아리다. 그러나 여동생은 한 번도 자신의 처지를 원망하지 않았다. 오히려 병치레하는 어머니 걱정만 하고 있다.

만물 고추는 빨간 가을을 만나지도 못한다. 욕심 없이 자기 일에만 최선을 다한다. 매운맛이 어느 정도인지도 모른다. 첫 열매로 나와 자리만 펴 놓고 간다. 하지만 누군가는 만물이 되어야 크고, 두껍고, 매운 고추가 나올 수 있지 않은가. 평온한 세상은 만물 같은 사람들이 있기에 돌고 돌아간다. 이제껏 내 안의 삶만 붙잡고 연연하며 산 세월이 그저 부끄럽기만 하다.

민들레 홀씨처럼

한 분뿐인 이모님이 위독하다는 전화가 왔다.

외가로는 친척들이 모두 돌아가시고 이제 이모 한 분 남았다. 외할아버지와 외할머니가 일찍 돌아가시는 바람에 막내인 어머니는 큰외삼촌 밑에서 자랐다. 시집가는 살림살이도 큰 외삼촌이 다 준비해 주셨다고 한다.

이모님은 먼저 가신 외할머니를 대신해 어린 우리 형제들을 두루두루 챙겨 주셨다. 평생 옆 마을에 살아 가깝게 왕래하고 살았다. 과수원을 운영했기에 햇과일만 나오면 제일 먼저 우리 집에 보내 주시는 그런 분이셨다.

어머니의 안타까워하는 마음이 휴대전화를 뜨겁게 달군다. 아무래도 돌아가시기 전 얼굴 한번 뵙고 와야 도리일 것 같았다. 회사 퇴근 후 바로 밤길을 달려 당진 병원에 갔다.

북창 국민학교 앞에서 조그만 한약방을 하시던 이모부는 40대에 돌아가셨다. 술과 담배를 즐겨 하셨지만 자상하고 가정적인 분이셨다. 6남매 이종사촌들이 대부분 학교에 다닐 때 돌아가셨기에 그때부터 이모도 엄청난 고생을 하셨다.

본래 논밭이 많지 않아 곡식 수확량이 적었던 이모는 혼자의 몸으로 누에도 치고 양계도 했다. 음력 10월에 지내는 집안 시제 상을 차려 주는 조건으로 종답을 얻어 벼농사도 지으셨다. 여름방학 때 놀러 가면 한낮의 더운 날씨에도 불구하고 논밭에서 일하던 모도리셨다. 정말 억척스럽게 살면서 자식들을 가르치셨다.

그뿐인가. 시어머니가 100세를 넘겨 장수하시는 바람에 허리 꾸부러진 이모님이 또 노인을 모셔야 하는 우두망찰할 상황이 벌어진 것이다. 찾아 뵈 올 때마다 너무나 안타까웠다. 나중에는 치매까지 와서 지극 정성으로 보살펴 드려도 늘 못마땅해했다. 6남매 자식에 시어머니 부양까지. 그러니 평생 얼마나 속이 타셨을까? 어머니는 둘도 없는 언니가 돌아가실 것 같다니 안타까운 마음이 오죽했을까? 그러니 나보고 빨리 오라고 전화하신 거다.

이모의 시어머니는 십여 년 전 돌아가셨다. 이제 자식한테 오붓하게 효도를 받으며 사실 줄 알았는데 그만 하늘나라에서 데려가시려나 보다. 내가 도착한 시간쯤 혼수 상태에서 잠깐 기력을 차리셨다. 그 와중에도 어머니한테 "조카가 꽃게를 좋아하니 일 킬로만 사다 끓여 먹여 보내." 하셨다. 돌아가시기 직전인 이모가 어릴 적 꽃게를 좋아하던 나의 습관까지 기억하고 계셨다.

어머니 옆에 서서 그 말을 듣는 순간 나도 모르게 눈물이 핑 돌았다. "이모님, 제 걱정일랑 그만하시고 빨리 일어나세요." 하고는 밖으로 나왔다. 도저히 더 병실에 있을 수가 없었다. 이제 가실 시간이 얼마 안 남았다고 생각하니 죄송하고 송구했다. 이종 누나가 손을 잡으며 그래도 오래 사신 거라며 위로해 주어 마음을 잡을 수가 있었다.

어제는 늘 시중을 들던 큰 손자한테 통장 둔 곳을 알려 주며 할머니가 죽으면 금반지 3개 사서 엄마하고 작은엄마한테 한 개씩 주라는 당부도 하셨단다.

대전으로 돌아오는 밤길 내내. 하염없이 비는 쏟아지는데 하나뿐인 여동생 어머니를 평생 돌봐주신 이모님 생각에 마음 한편이 애련했다. '그래 인생 아무것도 아니야. 잠깐 왔다 가는 거야' 그 생각만 떠올랐다.

평생, 동네 교회에 다니시며 힘을 얻어 사셨다는 이모는 며칠 전 하늘나라의 부름을 받으셨다. 임종 때 미소 지으며 편안히 눈을 감으셨단다. 꼼꼼한 이종 누나가 언제 준비했는지 발인 예배에 간단히 약력을 소개했다. 열여덟 살에 최 씨네로 시집와 가난한 시골에서 평생 농사만 짓고 사셨지만, 하느님 착실하게 믿고 자식과 이웃을 위해 열심히 살다 가셨다라고…. 이어서 영상으로 가

족들과 동남아 여행하며 즐거워하시던 모습. 칠순, 팔순 잔치 때 모습을 조문객들에게 영상으로 보여 주었다. 스피커에서 "너희들이 이만큼 잘 커 줘서 정말 고맙다." 하시는 말씀이 들려왔다.

 어머니는 청심환을 사다 드렸는데도 소용이 없었고, 하나밖에 없는 언니를 떠나보내기가 아쉬워 식사도 못 하고 몸져 드러누우셨다. 앞으로 어떻게 잊고 지내실지 걱정이 앞선다. 미리 잘 준비한 발인식 때문인지 장례를 마치고 나니, 이모를 잘 보내 드린 것 같아 마음이 놓였다.

 이모를 사돈집 선산에 모시고 내려오는 길에 노란 민들레꽃을 보았다. 민들레는 혹독한 추위만 지나면 부지런하게도 들판에서 제일 먼저 꽃을 피운다. 꽃망울을 터뜨리고 열매를 맺고 제 할 일을 다 하고 나면 하얀 너울을 쓰고 둥둥 떠서 어디론가 날아간다. 아무리 척박한 땅일지라도 좀처럼 시들지 않고 끈질긴 삶을 살아간다. 자신에게 다가온 환경을 숙명이라 여기며 뿌리박고 살아가는 민들레. 길가의 민들레 같이 살아오신 이모님이 나를 배웅하러 달려 나오신 것 같았다.

한 번뿐인 인생길, 잠깐 왔다 가는 여행길이다. 민들레 홀씨처럼 어느 날 훨훨 날아가면 그만이다. 세월이 참 **빠르다**. 과연 나는 내 이웃들에게 남길 조그만 흔적이라도 있는 걸까.

아까시나무

5월 중순 기온이 삼십 도를 넘어섰다. 휴일이라 자전거를 타고 나왔다. 오늘은 어디로 갈까 잠시 망설이다 갑천으로 방향을 틀었다. 대전에서 갑천만큼 사시사철 볼 것이 많은 곳도 드물다.

상류 흑석동 쪽으로 올라가면 반딧불이가 사는 노루벌이 나온다. 각시붕어, 미호종개, 쉬리 같은 희귀어류가 사는 너른 호수와 습지도 있다. 도안 터널을 지나 하이킹하기 좋은 하천 도로로 접어들었다. 자갈밭 둔치에 발 담그고 흰 꽃송이를 주렁주렁 매달은 아까시나무와 마주쳤다. 아카시아꽃이 하얀 피부를 자랑하듯 치마폭을 휘날리며 흥겹게 춤을 추고 있다.

갑천을 유유히 흐르는 맑은 시냇물과 파란 풀숲 섬의 풍광은 눈에 들어오지도 않고 오롯이 파고드는 아까시나무…. 어릴 적 고향 당진에는 신작로와 과수원 울타리마다 아카시아꽃이 지천으로 널려 있었다. 자연스레 즐겨 부르던 동요 '과수원길'이 생각나 응얼거려 보았다. 자전거를 멈추고 향수 냄새나는 아카시아꽃

에 코를 깊숙이 묻어 봤다. 달콤한 꿀 향이 한낮의 더위를 잊게 해 준다. 국민학교 시절, 등하굣길 신작로에서 맡았던 그 향기를 지금도 잊을 수 없다. 그때의 황홀했던 꽃 향을 그대로 맡을 수 있고 느낄 수 있어 그저 감개무량했다.

소꿉친구들과 하얀 꽃송이를 한 움큼 따서 입에 넣고 찬물 한 바가지 후루룩 마시면 배가 불렀다. 그때는 사방을 둘러봐도 먹을 것이 별로 없었다. 아카시아꽃이 귀한 간식이었다. 집으로 오는 길 허기진 배를 아카시아꽃으로 가득 채우고 뚜벅뚜벅 걷다 보면 십 리 길도 지루하지 않았다. 꿀처럼 달콤했던 하얀 꽃송이를 입안에 가득 넣고 '가위바위보' 게임을 했다. 이긴 사람은 살살 약을 올리며 잎을 한 장씩 따 버린다. 열아홉 개쯤 홀수로 달린 타원형 잎을 먼저 다 따낸 사람이 승자가 된다. 벌칙으로 진 사람은 이긴 사람의 연필통 달그락거리던 책보를 가져다주는 게임을 즐겼다. 배가 몹시도 고프던 날 시장기 달래려 과식했던 아카시아꽃 때문에 배탈이 나 무척 고생하기도 했다.

학교 가는 길이 멀었지만 자갈을 친구 삼아 툭툭 차며 열심히 걸어 다녔기에 지금껏 다리가 튼튼하지 싶다. 옛 생각에 젖어 있다 통통하게 잘생긴 아카시아꽃 서너 줄을 입에 넣어 봤다. 예전만은 못하지만 그래도 달콤한 향은 그대로다. 아카시아꽃을 직접 따서 맛본 것이 얼마만인가.

아까시나무는 6·25 전쟁 이후 산림녹화를 위해 대량으로 심어졌다. 봄철이면 온 동네 사람이 아까시나무 심기에 동원되었다. 하루 품삯으로 귀한 미국 원조 밀가루를 한 포대씩 받아 오기도 했다. 그때 밀가루 한 포대면 대가족의 일주일 치 식사가 해결되었다.

우리가 흔히 '아카시아'로 알고 있는 것이 실은 '아까시나무'라고 한다. 아까시나무는 장점이 많다. 뿌리에 혹 박테리아가 주렁주렁 달려 특별히 비료를 주지 않아도 잘 자라고 토양을 비옥하게도 해준다. 황폐해진 민둥산의 토질을 바꾸는데 이만한 나무가 없었다. 마른 장작은 오랫동안 잘 타고 화력도 강해 땔감으로도 아주 좋다. 6·25 전쟁 이후 산에 많이 심은 이유도 부족한 연료를 채우기 위한 목적이었다고 한다. 잎은 영양가가 높아 토끼, 염소 등의 가축 사료로 사용했다.

꿀을 따는 양봉가에게 아카시아꽃은 최고의 보물이다. 우리나라 꿀 전체 생산량의 70%가 아카시아꿀이다. 양봉 농가에 연간 1천억 원 이상의 수입을 가져다주는 중요한 밀원식물이다. 찔레꽃과 더불어 멀리까지 향기를 전하는 아카시아꽃. 그 꽃이 필 때면 양봉가들은 남쪽으로부터 피기 시작하는 꽃을 따라 중부지방으로 올라오고 일 년 중 제일 많은 꿀을 따게 된다.

국립 산림과학원 자료에 의하면 아까시나무가 온실가스 흡수에 탁월한 효과를 발휘한다고 한다. 현재 우리나라에서 자라고 있는 아까시나무의 이산화탄소 저장량은 약 917만 톤으로 이는 승용차 약 380만 대에서 1년 동안 배출되는 이산화탄소에 해당하는 양이란다. 아카시아꽃의 꽃말은 '아름다운 우정과 청순한 사랑'이다. 우리 인생사에 있어 사랑과 우정만큼 값진 가치도 없다고 본다. 몇 년 전 프랑스 파리로 여행을 갔었다. 에펠탑이 바로 보이는 파리 중심가에 아름드리 아카시아가 가로수로 있는 것을 보고 어찌나 반가웠는지 모른다.

이웃을 위해 베풀기만 하는 아까시나무. 가지마다 가시가 거북선 등처럼 뾰족하게 달려 있지만 절대 먼저 상대를 찌르고 공격하는 법이 없다. 달콤한 꿀은 벌에게, 잎사귀는 가축에게, 상큼한 꽃은 또 우리들의 허기진 배를 채워주며 든든한 간식 노릇을 했다. 높은 산이 별로 없는 비산비야 당진. 학교 가는 길 신작로는 아카시아가 가로수였다. 가난하던 춘궁기 5월이면 아까시나무는 쌀 튀밥 같은 흰 꽃으로 희망처럼 피어올랐다.

아카시아꽃 화려한 봄날이 오면 그 찬란한 햇빛 아래 꽃이 질 때까지 그 곁을 하염없이 맴돌았다. 고향을 떠나온 지 50년, 기억에서 잊혀 가던 아까시나무를 보니 가난했지만 따스했던 그때의 풍경이 파노라마처럼 떠올랐다. 산들산들 시원하던 시골 바람과 추억의 아카시아꽃으로 배를 채우고 돌아오며 생각했다.

나는 여태껏 아까시나무처럼 베풀고 살아 보았나? 내 가시로 주위 사람을 무지하게 찌른 적은 없는가? 아니 가시보다 더 날카로운 혀로 험담이나 일삼고 살지 않았나? 내 아이들이 양심과 도덕 안에서 올바르게 살 수 있도록 울타리는 되어 주었나? 육십 평생 한 번이라도 주변 사람들을 위해 꿀 같은 역할은 해봤는가.

아무리 생각해 봐도 자신할 수가 없다. 긴 가뭄에 말라 피지도 못하던 아카시아꽃 정도의 인간이었지 싶다. 이제 일등품 아카시아꿀은 못 될망정 잡꿀이라도 되어 어딘가에 쓰임 받는 사람이었으면 한다. 7월이 다 가기 전에 잘 익은 아카시아 꿀 사러 고향에 가 봐야겠다.

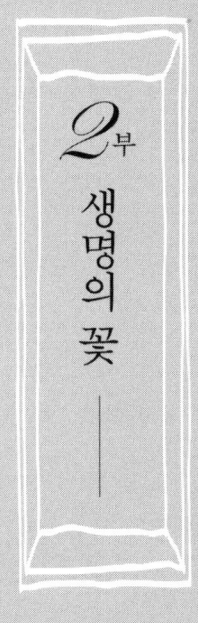

2부 생명의 꽃

생명의 꽃

 국민학교 저학년 때다. 아침밥을 먹다 밥상에 밥풀 하나만 흘려도 할아버지한테 꾸중을 들었다. 그럼 옆에 있던 아버지가 얼른 밥풀을 주워 먹였다. "농사꾼이 쌀 한 톨 만들려면 여든여덟 번 손이 간다. 그러니 쌀이 얼마나 소중한 거냐. 쌀 한 톨도 소중하게 생각해야 한다." 이런 말을 자라면서 수없이 들었다.
 나는 할아버지 옆자리에서 주로 밥을 먹었다. 나름의 이유가 있다. 60년대 식구 모두는 보리밥을 먹어야 했지만, 할아버지는 쌀밥을 잡수셨다. 그게 엄격한 할머니의 방침이었다. 언제부터 그랬는지 몰라도 중학교 다닐 때까지 쭉 그랬지 싶다. 보리밥은 색깔도 누렇지만 어찌나 까칠까칠하던지 목구멍으론 잘 넘어가질 않았다. 할아버지 옆에 바짝 앉아 식사가 끝나기만을 학수고대했다. 그 시절 어른들은 식사하면서 항상 밥을 조금씩 남기셨다. 그게 어른의 덕목이었으니까. 할아버지가 숟가락을 내려놓으면 잽싸게 밥그릇을 가져온다. 뒤에 서 있던 동생들이 부러운 듯 숟가락을 들고 쫓아 온다. 차마 혼자 다 먹을 수가 없다. 동생에게 인심 쓰듯 한 숟가락 떼어주고 얼른 물을 말았다.

 이방주 수필가의 저서 『들꽃 들풀에 길을 묻다』를 읽었다. 저자는 인근 마을 주중리로 매일 산책하러 나간다. 산책하면서 눈으로 수필을 쓴다. 몸소 현장을 누비며 세심한 관찰과 명징한 묘사로 사유를 전개하기에 시선을 끝까지 붙잡아 두는 마력이 있다. 청주 근교 들판과 하천을 자전거로 돌면서 들꽃 들풀에서 교감하는 삶의 원리를 이 책은 보여준다. 보통 사람들이 눈길 주지 않는 하찮을 수도 있는 들풀을 영혼의 눈으로 바라보았기에 가능한 일이다. 내가 지금 주중리 들녘에 서 있는 듯 공감하며 끝까지 읽었다. 스쳐 지나는 작은 존재에서 경이로운 생명력과 상호 작용을 천착해내는 따뜻한 시선이 돋보였다. 이 작품에서 작가는 일관되게 자연을 통해 인간의 문제를 성찰하고 있다. 자연은 다 소중하다. 들꽃 들풀의 말씀을 받아 적고 그 깨우침으로 자신을 깨우친다고 고백한다.

 작품 중 「벼꽃, 밥 꽃 하나 피었네」는 벼꽃을 그리고 있다. 매일 드넓은 주중리 들녘을 탐방하며 어린 시절 실컷 먹어 보지 못한 쌀밥을 그리워한다. 여름내 보리밥으로 거칠어진 입안을 혀에 닿는 부드러운 햅쌀밥이 어루만져 주던 그런 알싸한 기억들 말이다. 어른들은 길가에 무궁화가 피기 시작하고 100일이 지나면 햅쌀밥을 먹을 수 있다고 했다. 자전거를 타고 달리는 농로 아래 벼의 아랫배가 통통하다. 벼꽃을 바라보며 꽃 한 송이가 쌀 한 톨이기에 밥 꽃 피었다고 표현한다. 논 한 배미 벼꽃이 수천 명의 생명줄이다. 벼꽃은 곧 우리 목숨이라며 예쁘지는 않지만 칭송한다. 정치하는 나리들이 허구한 날 밥사발 싸움질할 때도 농투사니들은 오롯이 들판에서 겨레의 밥상을 준비한다. 들풀 같은 백성이기에 가능한 일이라고 한다.

> 벼꽃이 피었다. 자전거를 세우고 논두렁 아래로 내려갔다. 엊그제까지도 통통했던 아랫배가 터져 올라온 것이다. 아, 그래서 벼꽃은 피었다고 하지 않고 패었다고 하는구나. 오늘 새벽 벼꽃을 본다. 꽃 한 송이에 쌀이 한 톨이다. 쌀 한 톨은 밥이 한 알이다. 벼꽃은 밥 꽃이다. 생명의 꽃이다. 한 줄기 벼 이삭은 밥이 한 공기이다.
> – 「벼꽃, 밥 꽃 하나 피었네」 중에서

벼꽃은 벌 나비의 도움을 받지 않고도 수정이 된다. 자가수분한다. 산실에서 땅의 기운에 의지하고 태양의 힘을 얻어 알이 차고 영글어 한 톨의 쌀이 된다. 쌀 한 톨 한 톨이 신비스러운 보석이다. 보석이 사람을 살리는 밥이 된다. 벼꽃은 밥 꽃이다. 가을 들판은 밥 꽃이 신비롭게 영그는 보석의 밥상이라고 한다. 밥 꽃이 아름다운 것은 신이 내린 생명의 꽃밭이라 그렇다. 벼꽃은 우리 생명을 다지려고 피어난다. 오늘 새벽에도 주중리 들에서 생명의 꽃을 얻어 온다고 한다.

> 벼꽃은 생명이고 명줄이라고 해서 그렇게 예쁜 것만은 아니다. 논두렁 아래 내려가 가만히 패어 나오는 벼꽃을 살펴본다. 나락 알알에 먼지가 묻은 것 같다. 불타던 솔가지가 사위어 날린 재티 같다. 시시하다. 어느 시인이 오래 보면 예쁘다고 했다. 어느 스님은 일부러 멈추어 서서 보아야 할 것도 있다고 했다.
> ― 「벼꽃, 밥 꽃 하나 피었네」 중에서

벼는 여름내 강한 햇빛을 온몸으로 맞으면서도 꿋꿋하게 자기 할 일을 한다. 더워도, 비가 와도 일을 멈추지 않는다. 밤낮없이 살림에 필요한 밥 꽃을 만든다.

우리 세대에게 벼농사는 중요한 가치를 지녀왔다. 매일 먹는 밥이라서 그럴까? 농사를 짓지 않는 사람도 가을 들판의 익어가는 벼를 보면 내 농사인 양 흐뭇하게 바라다본다. 태풍이 밀려와 대책 없이 쓰러진 벼를 보면 누구라 할 것 없이 마음 아파한다.

요즘 쌀값이 많이 올랐다고 주부들이 걱정한다. 통계청 발표에 의하면 작년 쌀 생산량이 재작년보다 12만 톤이나 줄었다고 한다. 태풍의 영향과 가을장마로 일조시간이 줄어든 것이 큰 원인이다. 또한 쌀 소비가 줄어 재배면적도 줄어간다고 한다. 한국의 식량자급률은 47%(2018)에 머문다. 국내에서 생산하는 식량이 국민 소비량의 절반 이하란 얘기다. 쌀과 뿌리식물을 제외한 나머지 곡물의

자급률은 절반에도 못 미친다. 쌀이 자급된다고 해서 안심할 일이 아니다. 식당에서 공깃밥을 먹으며 지저분하게 남기거나, 가정에서 찬밥이라고 쓰레기통에 버리거나, 밥맛 없다고 함부로 숟가락 던지는 일은 없어야겠다. 쌀이 알면 자존심 상하는 일이다.

　추수기가 다가와도 꼿꼿하게 서 있는 벼 이삭은 아직 속이 덜 찼거나 비어있는 껍질이다. 50대 직장 다니던 시절, 쭉정이 벼처럼 속에 든 것도 없으면서 후배에게 꼿꼿하게 굴던 때가 있었다. 부끄럽기 그지없다. 벼 이삭은 가을을 만나면서 점차 고개를 숙인다. 굽어진 이삭은 알이 꽉 차서 묵직하다. 마치 겸손한 어른이 공손하게 인사를 드리는 것만 같다. 우리보다 먼저 삶의 방식을 터득한 벼 이삭이 대견하다.

우물 속 대보름

2월 말인데 영동지방에 폭설이 내렸다. 갑자기 내린 많은 눈으로 고속도로가 마비됐다고 한다. 며칠만 있으면 봄이 시작되고 나물 잔치가 벌어지는 대보름이다. 옛날부터 대보름날은 무척이나 기다려지는 큰 명절 중의 하나였다.

어머니는 아침 일찍 대문 앞에 깨끗한 황토를 뿌려 놓고, 잿간 가운데에는 볏짚을 모심듯 꽂아 놓았다. 어린이 볼 같기만 한 바가지에 호두와 땅콩, 생밤을 가득 담아 주며 깨물어 먹으라고 했다. 부럼을 깨고 나면 고샅으로 달려 나가 큰 소리로 친구를 불러댔다. 친구가 달려 나오면 잽싸게 '내 더위!' 하며 더위를 팔았다.

아침 밥상에 구수한 오곡밥이 올라오고 아버지 옆에서 차가운 청주를 귀 밝기 술이라며 한 잔씩 받아 마셨다. 낮에는 친구들과 어울려 온종일 연을 날리고 밤에는 냇가에 나가 쥐불놀이하며 밤이 새는 줄 모르고 신나게 놀았다. 이날이 돌아오면 동네 우물에 빠진 나를 구해 준 여자친구가 생각난다.

정월 대보름날. 부처님 얼굴 같은 보름달을 바라보며 한 해의 소원을 빌면 그 소원은 다 이루어진다고 믿었다. 『동국세시기東國歲時記』에 "초저녁 횃불을 들고 높은 곳에 올라 달맞이하는 것을 망월望月이라 하며, 먼저 달을 보는 사람이 재수가 좋다."고 적혀 있다.

대보름은 새해 처음 맞이하는 보름날로 농사의 시작이라 하여 매우 큰 명절로 여겼다. 지방마다 다르지만 지금도 목신제나 달집태우기, 농악 놀이 등은 민속놀이로 전승되고 떡국과 막걸리를 나누어 먹는 풍습이 이어지고 있다. 주로 농업으로 생계를 유지해 온 우리 조상들은 정월대보름에 많은 의미를 부여한 것이다.

대보름날은 가축까지도 대접받았다. 정에 뿌리를 내린 선조들이라 어느 것 하나 박정하게 대하지 않았다. 어른들은 마당에 매어 놓은 소의 입을 벌리고 바가지에 가득 담긴 농주를 부어 주었다. 그런 다음 안주로 오곡밥과 나물을 놓고 어떤 것을 먼저 먹는지 바라보았다. 소가 나물을 먼저 먹으면 그해 밭농사가 잘되고 오곡밥을 먼저 먹으면 논농사가 잘 된다고 믿었다.

화려한 어깨띠와 고깔모자를 쓴 마을 풍물패들은 집집이 방문하여 안마당과 부엌, 장독대가 있는 뒤란까지 돌며 지신밟기를 해주었다. 마을 사람 모두가 한 식구가 되어 마을의 안녕과 풍년 농사를 기원한 것이다.

어른들이 대나무로 만든 커다란 달집을 태우기 시작할 무렵, 우리는 숭숭 구멍 뚫린 깡통에 불씨를 담아 빙빙 돌리기 시작했다. 불붙은 달집에서 대나무가 타는 소리가 타, 타, 타 총소리처럼 들렸다. 사방은 대낮처럼 환해지고 빨간 불꽃들이 하늘로 올라갔다. 이때 어른들은 줄줄이 달집을 돌며 소원을 빌었다. 아무것도 모르던 우리도 어른 뒤를 따라 돌며 목련꽃만 한 손바닥을 비벼 댔다. 그러다 심심해지면 논두렁에 달려가 쥐불을 놓았다. 풍년을 위해 해충을 잡으려는 지혜로운 풍속 놀이였다.

오곡밥은 찹쌀, 조, 수수, 팥, 콩을 넣어 지었는데 농사가 잘되기를 기원하고, 일 년간 무사태평을 빌며 액운이 없어지기를 바라는 뜻이 담겼다. 보름날은 아홉 집을 돌며 아홉 그릇의 밥을 먹고, 아홉 짐의 나무를 해야 한다고 했다. 다가오는 농사철을 앞두고 배부르게 먹고 체력을 다지며 이웃끼리 다정하게 지내라는 선조들의 생각이 아니었을까.

국민학교 시절 옆집에는 동갑인 여자친구가 있었다. 둘은 틈만 나면 어울려 놀았다. 마치 형제 같았다. 대보름날도 우물가에서 같이 놀다 친구가 목이 마르다기에 옆에 있던 두레박을 우물 속에 던져 물을 퍼 올리려고 했다. 우물은 깊이가 십여 미터나 될 정도로 깊었고 우리 키 높이의 둥그런 시멘트 벽이 쳐져 있었다. 물을 가득 담은 두레박을 끌어 올리려는 순간, 그 무게를 감당치 못하고 나는 우물 속으로 거꾸로 박혔다. 깜짝 놀란 친구는 울면서 달려 나가 동네 아저씨들을 불러왔다. 그중 제일 젊은 아저씨가 밧줄을 타고 우물 속으로 내려와 나를 업고 올라왔다. 십여 미터 아래 우물 속으로 떨어지고도 머리 하나 다치지 않고 살아난 것은 기적이었다. 그때부터 친구들은 나를 '돌대가리'라고 놀렸다. 그날의 모습이 아직도 나의 뇌리에 선연하다.

내가 중학교에 입학할 때쯤 그 친구네는 시골 살림을 정리하고 친척들이 모여 사는 서울로 이사했다. 지금 같으면 어떻게든 연락하고 살았을 텐데 그 이후로 지금까지 만나지 못했다. 어머니는 나를 우물에서 꺼내준 아저씨를 생명의 은인이라고 늘 말씀하시며 가끔 나를 데리고 찾아가 인사를 드렸다. 그때 조금만 구조가 늦었으면 차디찬 우물 속에서 저세상 사람이 되었을 것이다. 지금도 고향에 가면 우물에 들어가 나를 구출해 준 아저씨를 찾아 감사의 인사를 드리고 있다. 해마다 대보름이 돌아오면 울면서 달려가 동네아저씨를 데려와 나를 살려준 여자친구 생각이 난다. 지금은 어떻게 살고 있을까. 내 나이 육십이 넘었건만 그 궁금증은 사라지지 않고 있다.

반백 년 기나긴 세월이 흘렀건만 한여름에도 차디차던 그 우물물을 잊을 수가 없다. 어두운 우물 속에서 꼬마 소년이 물을 먹으며 오르락내리락 숨바꼭질하고 있다. 그 옆에서 발을 동동 구르며 떨고 있던 소녀가 있었다. 아마 소년보다 소녀가 더 놀랐을지도 모른다. 그 시간이 얼마나 초조하고 길었을까.

다가오는 보름날엔 어릴 적 그리움을 찾아 고향에 가봐야겠다. 밤하늘에 쟁반 같은 보름달이 둥실 떠오르면 우물 뒤에 숨어있던 여자친구가 법석 달려 나올 것만 같다.

물통 폭탄

 윤봉길 의사가 상해에서 사용한 무기는 도시락 폭탄이 아니다. 며칠 전 신문을 보고서야 자세히 알게 되었다. 많은 사람이 '도시락 폭탄'을 던진 것으로 알고 있지만 실제로 홍커우 공원에서 일본군 수뇌부를 향해 던진 것은 '물통 폭탄'이었다.

 십여 년 전 예산 충의사에 들렀다. 그때만 해도 큰 관심이 없어 기념관을 한 바퀴 돌아보고만 왔다. 지금 생각해 보니 부끄럽기 짝이 없다. 고향 인근에 윤 의사 생가가 있다는 자부심 하나만 지니고 있었을 뿐이다. 이번 기회에 자세히 알고 싶어 자료를 찾아보았다.

 1908년 예산에서 태어난 윤 의사는 19세 때 야학을 세워 농촌 계몽운동을 시작한다. 23세 때, 사내대장부는 집을 나가 뜻을 이루기 전에는 살아서 돌아오지 않는다는 뜻의 '장부출가생불환丈夫出家生不還'이란 글을 책 속에 써 놓고 고향을 떠난다. 청도를 거쳐 대한민국 임시정부가 있던 상해에 가게 된다. 1932년 4월 29일 홍

커우 공원에서 열리는 기념식에 일본군 수뇌들이 참석한다는 소식을 들은 윤 의사는, 백범 김구 선생이 지휘하는 한인 애국단에 가입하여 특공작전에 참여한다.

결전의 날, 홍커우 공원에서 일본군 총사령관 시라카와 등 군정 수뇌부 일곱 명에게 폭탄을 투척, 일본의 전의를 상실케 하는 데 성공한다. 하지만 윤 의사는 현장에서 체포되어 사형을 선고받았고, 11월 일본으로 이송되어 12월 19일 25세를 일기로 순국하였다.

일본 헌병들이 삼엄하게 경비를 섰던 기념식장에서 애국에 피 끓는 파릇한 한 청년은 당시 얼마나 떨렸을까? 오롯이 잃어버린 나라를 되찾겠다는 일념 하나였을 것이다. 그의 행동을 먼발치에서 바라보던 김구 선생과 독립운동 동지들은 또 얼마나 가슴을 졸이며 지켜보았을까. 아마 모두에 심장이 회중시계처럼 뚝딱거렸을 것이다.

  당진에서 고등학교 다닐 때다. 우리 반에 행실이 바르지 못한 학생이 몇 명 있었다. 점심시간이면 밖에 나가 막걸리를 마시고 들어오고, 쉬는 시간이면 창가에서 보란 듯이 담배를 피웠다. 지금은 상상도 할 수 없는 불량 학생들이다. 그때 새로 전근해 오신 이 모 선생님이 계셨다. 첫 대면 시간에 "윤봉길 의사가 내 외삼촌이다."라고 말했다. 우리는 설마 하며 깜짝 놀랐다. 선생님은 가난한 농촌이지만 애국자 집안에서 태어나 지금도 자부심이 크다고 말했다. "너희들 공부는 못해도 좋으니 행실만은 학생답게 올곧게 하라."고 신신당부하셨다. 전임자와 인수인계하면서 골치 아픈 반이란 얘기를 듣고 오신 것 같았다. 그러면서 가끔 시간이 날 때마다 윤 의사 얘기를 들려주셨다.

  윤 의사는 출가 당일 아내가 차려준 마지막 밥상을 물리고, 네 살 난 아들을 안고 볼을 비볐다. 안방을 나온 윤 의사는 아내를 한 번 더 보려고 부엌으로 들어간다. 자리가 어색해지자 아내에게 물 한 잔만 달라고 했다. 아내한테 물그릇을 받아 든 윤 의사는 차마 목이 메어 마시지 못하고 밖에 나와 마루에 내려놓았다. 이십여 년을 살아온 고향 집이건만 마지막이 될 것 같아 몇 바퀴를 돌아본 후 예산을 떠난다.

그때 그의 나이 23세, 눈에 넣어도 아프지 않을 4살 난 아들, 20살의 어린 아내, 부모님을 남겨 두고 이역만리 중국으로 떠나는 윤 의사는, 가슴이 칼로 도려내듯 아팠을 것이다. 뒷산 솔밭 우듬지에서 이를 지켜보던 종달새도, 뻐꾸기도 날이 어둡도록 온종일 목메 울었을 것 같다. 다시는 돌아오지 못할 죽음의 길이 아니던가. 아무것도 모르는 4살 아이야 그렇다 쳐도, 시집온 지 얼마 안 된 젊은 아내는 어두운 부엌에서 나오지도 못하고, 소리 내지도 못하고, 속으로 얼마나 망연자실하게 울었을까. 담임 선생님은 한 편의 소설 같은 얘기를 우리에게 들려주며 말없이 먼 하늘을 한참이나 올려다보셨다. 심장 밑으로 가라앉은 감정 속에서 외삼촌을 부르고 계신 것은 아닌지, 우리는 모두 그런 선생님을 바라보며 애국심이 무엇인지 조금은 알 것 같았다.

윤 의사 부인 배 여사는 중국으로 떠난 남편이 '혹시나 살아 돌아오지 않을까?' 대문만 바라보며 평생을 혼자 사셨다고 한다. 윤 의사 순국 후 가족들은 칼로 무장한 일본 순사의 험악한 감시에 도저히 고향에서 살 수가 없었다. 어쩔 수 없이 개명하고 서울로 이사해 굴다리 밑에 숨어들었다. 눈에 띄지 않도록 거지들과 함께 살았다.

요즘 뉴스는 대통령에 출마하려는 사람들 이야기로 온종일 도배하고 있다. 모두가 나라를 위해, 국민을 위해 열심히 일하겠다고 나서지만 큰 믿음이 가지 않는다. 그럴 수밖에 없도록 그간 여러 지도자가 실망스러운 모습만 보여주었다.

지금보다 몇십 배 열악한 시대에 태어나 잃어버린 나라를 구해 보겠다고 젊은 생명을 기꺼이 바치신 선열 앞에 부끄럽기 짝이 없다. 어린 자식과 젊은 아내와 어머니를 고향에 두고 적국에서 모진 고문에 시달리다 순국하신 윤 의사를 다시 생각해 본다. 사형장에서 마지막 유언도 사양하고 당당하게 미소를 지으며 큰소리로 무슨 말을 했다고 한다. 아마 서쪽 대한민국 하늘을 바라보며 '대한독립 만세'를 외치지 않았을까.

독일 광부

요즘은 장기간 계속되는 코로나 사태로 TV 프로도 볼 게 없다. 리모컨을 쥐고 위·아래로 돌려 보지만 한참 지난 재방송이 주류를 이루고 있다. 예전엔 채널이 서너 개뿐이었는데 지금은 이백 개도 넘는다. 엄청나게 많아진 채널이지만 막상 볼만한 채널은 몇 개 되지 않는다.

리모컨을 무의식적으로 한참 누르다 보니 '가요무대'가 나왔다. 독일 광부 특집이다. 가요무대는 언제나 정겨운 설명으로 정평이 나 있는 베테랑 김동건 아나운서가 있어, 시청자들로부터 오래도록 사랑을 받는 것 같다.

독일은 우리나라 광부가 가기 전 유고슬라비아, 터키, 아프리카 등지에서, 많은 광부를 데려다 썼다. 하지만 그들은 나태하여 수익을 낼 수 없었고 결국 독일 기업들은 광산을 폐쇄할 수밖에 없었다.

이때 한국에서 온 광부들을 투입하면서 생산량이 엄청나게 높아지자 독일 신문들이 대대적으로 보도를 하였고, 이렇게 근면한 민족을 처음 봤다며 한 달 급여 120달러에 추가로 보너스를 줘야 한다는 여론이 일어났다.

간호사도 그랬다. 국민소득이 올라가니 3D 업종을 꺼리는 현상은 선진국 독일도 마찬가지였다. 야간에 일할 간호사가 없었다. 특근수당을 많이 준다고 해도 필요 없다는 것이다. 그 상황에 한국 간호사들은 시체를 알코올로 닦고 수의를 입히는 일 등, 궂은일을 불평 없이 해 나갔다. 일부는 임종이 가까운 환자들을 돌보는 호스피스 병동에서 근무하였다. 그뿐만이 아니다. 환자가 사망하면 그 시신을 붙들고 울며 염을 하는 것을 보고 독일 사람은 깊은 감명을 받았다고 한다.

더욱이 위급한 사고환자가 피를 흘리며 병원에 오면 한국 간호사들은 몸을 사리지 않고 피를 온몸에 흠뻑 적시면서 응급환자를 치료했다. 만약 피가 모자라 위급한 지경에 빠지면 직접 자기 피를 수혈하여 환자를 살렸다. 이런 헌신적 봉사를 보고 "이 사람들은 간호사가 아니라 천사다."하면서 그때부터 태도가 달라지기 시작하였다. 이런 사실이 서독의 신문과 텔레비전에 연일 보도되면서 서독은 물론 유럽 전체가 "동양에서 천사들이 왔다."라고 대대적으로 보도하였다.

우리 간호사들의 헌신적 노력이 뉴스화되자, 서독 국민은 이런 나라가 아직 지구상에 있다는 것이 신기한 일이라며, 이런 국민이 사는 나라의 대통령을 한번 초청하여 감사를 표하자는 여론이 확산. 박정희 대통령을 초청하게 되었다.

그곳에는 서독 각지에서 모인 간호사들과 대통령이 도착하기 직전까지 탄광에서 일하던 광부들이 탄가루에 범벅이 된 작업복을 그대로 입고 강당에서 기다리고 있었다. 새까만 얼굴을 본 박정희 대통령은 목이 메기 시작하더니 애국가도 제대로 부르지 못하였고 연설 중 울어버렸다. 광부들과 대통령과 육영수 여사가 한 덩어리가 되어 부둥켜안고 통곡의 바다를 이루었으니 얼마나 감동적이었을까! 독일 대통령도 울었고 현장을 취재하던 기자들마저 울었다. 떠나려는 대통령을 붙들고 놓아주지를 않았던 광부들과 간호사들은 "대한민국 만세, 대통령 각하 만세!"하며 이별을 고하였다.

돌아오는 고속도로에서 계속 우는 우리 대통령에게 '뤼브케' 대통령이 자신의 손수건으로 눈물을 닦아 주기도 하였는데 대통령을 붙들고 우는 나라가 있다는 사실에 유럽의 여론이 완전히 한국으로 돌아선 것이다.

서독에 취업한 우리 광부와 간호사들이 본국에 송금한 총액은 연간 5,000만 달러, 이 금액은 당시 한국의 국민소득 2%를 차지하는 엄청난 금액이었으며 이 달러가 고속도로 건설과 중화학공

업에 투자되었다.

　서독에서 피땀 흘린 광부와 간호사들이야말로 진정한 의미에서 조국 근대화에 결정적으로 이바지한 위대한 '국가유공자'들임에도 우리는 그들을 잊어버린 것은 아닌지.

　파독 간호사들로 구성된 100명의 어머니 합창단이 독일민요 '들장미'를 부르며 시작된 공연은 현철, 송대관, 태진아, 설운도, 주현미 등 국내 정상급 가수와 소리꾼 장사익, 국악인 김영임의 열창으로 최상의 무대를 선사했다.

　특히 '노란 셔츠의 사나이', '대머리 총각', '이별', '빨간 구두 아가씨' 등 60~70년대 그들이 독일로 떠나올 때 부르던 가요가 울려 퍼지자 수많은 관객의 눈에는 어느새 이슬이 맺히기 시작했다. 이어 장사익과 김영임의 마음을 울리는 노랫소리가 나오자 설움에 복받쳐 가슴을 쓸어내리며 기립박수를 보내기도 했다.

　1977년 광부 생활 다섯 달 만에 사고로 세상을 떠난 고故 김중원 씨가 고국의 아내와 노모, 어린 두 딸에게 보냈던 애틋한 편지 내용이 소개되자 객석은 이내 눈물바다가 됐다. 또 파독 간호사 출신의 동생과 한국에 있는 언니가 헤어진 지 40년 만에야 만나는 상봉 장면에서 동포들은 흐느끼며 눈물을 닦았고, 사회자 김동건 아나운서도 목이 메어 말을 잇지 못했다.

　'가요무대' 녹화장에서 이들의 안타까운 사연을 접한 동포 관객들은 즉석에서 상봉 자매의 고국 방문을 위한 항공편과 여행경비를 제공하겠다고 앞다투어 나서는 등 뜨거운 동포애로 객석을 또 한 번 감동하게 했다.

이제는 할머니가 된 독일 부인이 광부 출신 남편과의 러브스토리를 공개하며 우리 동요 '반달'을 부르고, 한국인 부인에게 배운 노래 솜씨를 뽐내러 나온 백발의 독일 남편이 부른 '만남'은 또 다른 진한 감동을 선사했다.

어렵게 독일에 간 광부와 간호사들이 언어도 잘 통하지 않는 외국에서 무엇 때문에 이렇게 열심히 일했을까. 그건 아마 고국에서 매일 새벽 정화수 한 사발 떠 놓고 무사 귀환을 빌던 부모님들의 사랑이 있었기 때문이 아닐런지.

가요무대가 독일에 사는 교포뿐만 아니라 이 프로를 시청한 국민 가슴속에 자랑스러운 대한민국, 위대한 국민임을 다시금 일깨워 주었다.

선배

 이십 년 전 직장 선배가 문득 생각났다. 휴대전화를 뒤져 봤지만 연락처가 없었다. 할 수 없이 선배와 가장 가깝게 지내던 몇몇 지인에게 전화를 걸어 물어보았다.
 작년 말, 갑자기 건강이 나빠져 서울 올라가 대 수술을 받았고 얼마 전 고향으로 내려왔다고 전해 주었다. 그간 건강하셨는데 정말 그런 일이 있었나 확인하고 싶었다. 아침을 먹으며 아내와 일정을 맞춰봤다. "오늘 바쁘지 않으면 태안에 사시는 선배님 찾아뵈러 갈까?" "그래요. 그러잖아도 사모님 한번 뵙고 싶었는데." 선배와 통화한 지가 언제였던가. 기억이 가물가물했다. 떨리는 마음으로 전화를 걸었다. 반가운 목소리가 들렸다. 오늘 찾아뵙겠다고 말씀드리고 바로 출발했다.
 선배가 이사했다는 주소로 내비게이션을 찍고 달려가고 있는데 전화가 왔다. 터미널 근처에 나와 있으니 집으로 가지 말고 이리로 오란다. 두 시간 걸려 태안에 도착하니 내외분이 점심까지 예약해 놓고 기다렸다. 죄스럽고 반가운 마음에 한참을 꼭 껴안고 아무 말도 하지 못했다. 대 수술로 바짝 말라 앙상한 등뼈만이 대나무 몸통처럼 손끝에 잡혔다.

처음 발령받고 서산에 갔을 때 홀로 떨어진 고아처럼 외로웠다. 낯설고 물설어서 한동안 방황했다. 그때 인자하고 정이 많은 선배를 만나 더는 외롭고 춥지 않았다. 나에게 서산은 고향 같은 곳이고 삶의 희망을 심어준 곳이다. 투박한 서산 말투와 선배의 넉넉한 인심은 지금도 내 몸속에서 꿈틀거리고 있다.

선배의 고향은 조선 소나무가 울창하고 해산물이 풍성한 안면도다. 서로 바다와 해물을 좋아했기에 가끔 만나면 바닷가 안흥에서 싱싱한 회를 먹었다. 선배의 안내로 방학이 되면 아이들을 데리고 해변이 넓고 멋진 삼봉해수욕장에 텐트를 쳤다. 어둠이 시나브로 깔리면 북두칠성은 어린아이 눈처럼 초롱초롱 빛났다. 휴대용 석유 버너로 불을 피웠다. 코펠 뚜껑에 삼겹살과 안면도 대하를 구워 놓으면 아이들은 신나게 떠들며 잘 먹었다.

선배 집에 가면 늘 안면도 푸른 바다를 통째로 선물해 주었다. 잘 말린 우럭 포, 망둥이는 기본이고 요즘 사기 힘든 파래김도 한 보따리씩 싸 주었다. 그 맛을 잊지 못해 지금도 가끔 시장에 가면 마른 생선 몇 마리씩 가지고 온다. 하지만 매번 실망한다. 아무래도 그 맛이 안 난다.

나중에 알았지만, 선배는 삼대독자라 친척이 많지 않았다. 늘 외로웠던 선배는 나를 친형제 이상으로 생각해 주었다. 우리 식구도 언제부터인지 사모님을 언니라 불렀다. 나도 고향 당진에 다녀오면 감자, 고구마 등 조그만 것이라도 갖다 드리고 나누어 먹었다.

스물다섯 살에 서산에서 첫 직장생활을 시작했다. 서산을 떠나면 죽는 줄만 알고 19년 동안 우물 안 개구리로 살았다. 어느 날 둘이 막걸리 한잔하는데 나도 미처 생각하지 못한 이야기를 꺼냈다. "자네는 실력도 있고 아직 젊으니까 여기 그만 있고 큰 데 가서 놀아야지." 그 뒤로 정말 자신의 인맥을 동원하여 나를 대전 본사로 보내주었다. 선배 덕분에 나는 대전으로 이사 와 꿈에 그리던 승진도 하였고 남들이 부러워하는 정년퇴직까지 하게 되었다. 입사해서 대전으로 오기 전까지 만 19년을 서산에서 살다 왔기에 지금도 서산 사투리가 몸에 배어 있다. 시장에서 주꾸미, 꽃게라도 만나면 서산에서 살던 생각이 주마등처럼 지나간다.

선배는 맡은 일을 말끔하게 잘 처리했고 간혹 후배들이 일을 잘못하면 상사의 바람막이도 되어 주었다. 한번은 우리 부서에서 금전 출납하다 300만 원이 부족한 대형 사고가 터졌다. 꼼짝없이 변상해야 할 상황이었으나 선배의 기지로 모면한 때도 있다. 간부들에게 자기가 책임지고 해결할 테니 후배들은 놔두라 하더니 밤새 조합원들을 찾아다니며 사정해 과불된 현금을 도로 찾아왔다. 정말 선배의 헌신적인 행동에 모두 감동했고 그때부터 더 존경하게 되었다. 이 선배는 나에게 모든 것을 챙겨 주었다.

오랜만에 태안 명물 게국지 찌개로 맛있는 점심을 먹었다. 식사하며 선배를 가까이 보니 대장암 수술로 체중이 20킬로나 빠져 있었다. 젊어서는 잘 생기고 몸매도 좋아 한 인물 했었는데 마른 동태처럼 너무 말라서 마음이 아팠다. 옛날에 한 부서에서 같이 근무하며 퇴근 후 소주 한 잔씩 나눌 때가 참 좋았다고 했다. 죄인 된 기분으로 찾아갔지만, 선배 내외분이 살갑게 대해 주시고 즐거워해 찾아간 보람이 있었다.

태안 바닷가 소나무 언덕, 새로 지은 집에서 세 시간이 넘도록 옛이야기를 나누다 왔다. 사모님이 앞마당에서 수확했다는 잘 익은 대봉 곶감을 한 상자나 실어 주었다. 젊은 날 내 인생에 큰 힘이 되어 주신 선배님은 마당 앞에서 내 차가 보이지 않을 때까지 손을 흔들고 계셨다. '건강하게 오래오래 사세요.' 간절히 기도 드리며 가벼운 마음으로 태안을 떠나왔다.

시골 빈집

당진 고향마을 봉학재를 찾았다. 여기저기 봄꽃이 만발하는 계절이지만 농촌은 조용하기만 하다. 마을 농로에도 걸어 다니는 사람이 눈에 띄지 않는다. 어린이나 청소년은 아예 구경조차 할 수 없다.

이따금 승용차 한 대가 쌩하고 지나갈 뿐이다. 농번기라 그런지 겨울이면 온종일 북적대던 경로당도 셔터가 내려져 있고, 대신 거미가 주인 행세를 하고 있다. 회관 옥상에는 언제 내걸었는지 머리가 허옇게 센 새마을기가 홀로 쓸쓸하다. 나팔꽃 닮은 커다란 확성기에서 '새벽종이 울렸네. 새 아침이 밝았네. 너도나도 일어나 새마을을 가꾸세' 우렁찬 새마을 노래가 금방이라도 터져 나올 것만 같다.

시골 빈집 마당에 서 본다. 예전 봄날이면 분홍 복숭아꽃이 생글생글 웃어 주고, 날로 먹어도 달콤하던 노란 골담초꽃이 새색시처럼 아름다웠다. 여름이면 어머니가 좋아하던 붉게 물든 봉숭

아, 맨드라미가 지천이었다. 가을이면 넓적한 이파리가 반들반들 윤기 나던 아주까리와 키다리 해바라기가 마당 앞을 지켜 주었다. 잿간 지붕 위에 매달린 박넝쿨은 한가로이 배를 불리며 흥부가 찾아올 날만 손꼽아 기다렸다.

  농촌이 나라를 먹여 살리던 60년대. 농번기엔 두레나 품앗이로 매일 온 동네가 시끌벅적했다. 고된 농사일의 연속이었지만 풍요롭고 신명 났다. 새벽부터 자기 논부터 물을 대야겠다고 이웃끼리 큰소리 지르며 싸우기도 했지만, 논에 가지치기 거름을 주고 논바닥에 나던 풀을 매고 나면 언제 그런 일이 있었냐는 듯 하며 한바탕 술판을 벌였다. 오뉴월 논에 물 대는 일은 일 년 농사의 성패가 달린 문제라 물꼬를 가지고 하루 이틀 다투긴 했어도 요즘 사람처럼 속마음까지 돌아서는 관계는 아니었다. 그 시기만 지나면 그만이고 막걸리 몇 잔 나누면 다 잊어버렸다. 그것이 농심이다.

논에서 모내기하거나 김을 매거나 벼 수확할 때면 이웃 논에서 혼자 일하는 농부를 불러 점심을 나누어 먹었다. 그뿐만이 아니다. 부모님 생신이 되면 가까운 마을 사람들을 초대해 아침을 대접했다. 이웃들도 마찬가지로 품앗이로 생각하고 베풀며 살았다. 일 년에 몇 번씩 돌아오는 저녁 제사를 지낸 후에도 다음 날 아침이면 제사떡과 부침개를 담아 이웃에 돌렸다. 그러다 보니 이웃 간에 어른들 생신과 제사까지 모두 알고 지냈다. 이렇듯 잘 사는 집 못사는 집 구분이 따로 없었다. 마을 사람들 모두가 그저 한 식구 같이 살았다.

가을 운동회날이면 집에 학생이 있든 없든 동네 사람 모두가 학교에 모였다. 운동장이 비좁을 정도로 많은 인파가 모였고 인근 장사들까지 몰려와 그야말로 인산인해를 이뤘다. 만국기 펄럭이며 화약 냄새 진동하던 풍성한 가을 운동회도 이제 먼 옛날이야기가 되어 버렸다.

4학년 때다. 어머니가 아파서 가을 운동회에 오지 못했다. 가족을 찾느라 난리를 피우는 점심시간, 나는 어머니가 챙겨 준 용돈으로 빵을 사서 그늘에서 먹고 있었다. 그때 옆집 아주머니가 헐

레벌떡 달려와 나의 손을 잡아끌었다. 이웃집 동생들과 어울려 찐 달걀과 햇고구마로 점심을 배부르게 먹었다. 이렇게 부모님이 안 계셔도 이웃 간에 서로 챙겨 주던 시골 인심이 지금도 그립기만 하다.

농촌에서 고단한 삶을 살았던 우리 부모들은 자식만큼은 힘든 일 시키지 않으려고 소 팔고 논 팔아서라도 자식을 교육했다. 그러나 부모의 헌신적인 노력으로 공부한 자식들은 먹고살기 위해 모두 농촌을 떠났다. 마땅한 벌이가 없었기에 젊은이들이 농촌에 살기도 쉽지는 않았다. 직장 구하기 어렵고 아이들 교육과 생활에 불편한 점이 한둘이 아니었기 때문이다.

어릴 적 120호가 넘던 고향 마을에 빈집이 많이 생기고 있다. 우리 집도 작년에 어머니가 돌아가신 후 비어있다. 대문 옆에 있는 우편함을 들여다보니 언제 도착했는지 모를 우편물이 비에 젖어 누렇게 떠 있었다. 마치 어머니가 김맬 때 편하게 입던 헌 바지 같았다. 그 많던 친척들도 다 돌아가시고 아는 사람이라곤 당숙모 세 분 남았다. 그래도 시골을 떠나지 않는 것은 아직 정을 나눌 이웃이 있기 때문일 거다.

91세 당숙모는 오늘도 마늘밭 고랑에 궁둥이를 붙인 채 거북이 등처럼 갈라진 딱딱한 두둑에서 풀을 뽑고 있다. 부드러운 둑새풀이 호미에 찍혀 두 손 들고 올라온다. 마당에는 뒷동산에서 따

온 산나물이 양지바른 흙마루에서 꾸벅꾸벅 졸고 있다. 힘든 노동이지만 잠시라도 놀면 큰일 나는 줄 아는 당숙모다.

빈집들을 볼 때마다 어릴 적 북적거리며 살던 마을 풍경이 떠오른다. 길에서 만나는 어른들에게 하루에도 몇 번씩 "진지 잡수셨어요?" 인사하고 다니던 시절이 엊그제만 같다. 오죽 식량이 귀했으면 아침 인사가 식사를 하셨는지 물어보는 것이었을까? 이제 인사를 하면 반갑게 받아 주시던 어른들은 다 떠나고 없다. 그분들이 나뭇짐 지고 볏단 지고 오가던 오솔길도 지금은 흔적없이 사라졌다.

이웃과 더불어 정답게 살던 미풍양속이 아파트 출입문처럼 차갑게 닫혀 버렸다. 바로 앞집에 사는 사람들과도 휴대전화로 연락하는 세상이다. 시골에 빈집이 하나 둘 늘어나는 것처럼 도시에 사는 우리 마음도 한 칸 두 칸 자꾸만 비어간다. 곳간이 다 비기 전에 조금이라도 채워 놓았으면 좋겠다. 내일부터 동네 이웃에게, 아파트 경비원에게, 따뜻한 인사 한마디라도 건네봐야겠다. 여태껏 도와만 주신 어른들 고마웠던 친구에게 안부 전화라도 해야겠다.

마지막 선물

어머니가 어느덧 구순이시다. 이제 다른 사람의 손길이 있어야 하는 연세가 되어 가신다. 몇 년 전 돌아가신 아버지는 가난한 시골집 팔 남매 중 장남이셨다. 그러니 어머니의 시집살이는 불을 보듯 뻔했다.

시집와서 몇 년간은 매일 점심도 굶으셨다. 부엌 광에 들어가도 먹을거리가 별로 없었다. 하도 기가 막혀 뒤란에서 혼자 많이 우셨다고 한다. 그렇다고 친정에 말할 수도 없었다. 부모님이 걱정하실까 봐 차마 얘기도 못 꺼내고 그렇게 벙어리로 수년을 살았다.

텃밭의 오십여 평 마늘 농사는 올해도 풍년이다. 어머니의 발소리에 눈을 뜨고 손길에 땡글 여물어 갔다. 어머니가 자식들에게 나누어 줄 마지막 선물은 올해도 풍성하게 장만이 됐다.

파랗고 꼿꼿하던 마늘잎이 갈색 옷으로 갈아입기 시작하자 어머니는 서둘러 마늘을 캤다. 열 개씩 묶어 바람이 잘 들어오는 창고마당에서 말렸다. 장마가 시작되기 전 수확해야 썩지도 않고 저장이 잘 된다며 만사 제쳐 놓고 수확을 하신 거다.

마늘 캐는 작업은 농사 중에서도 손꼽힐 정도로 어려운 작업이다. 뾰족한 쇠꼬챙이로 한 알 한 알 소중하게 캐지 않으면 상처가 난다. 상처 난 마늘은 바로 썩기 때문에 조심스레 다뤄야 한다. 한나절 뙤약볕에 쪼그리고 앉자 마늘을 캐다 보면 종아리가 땅기고 금세 지치게 된다.

작년 이맘때, 어머니는 마늘 한 접을 내게 주면서 올해가 마지막 마늘 농사다. 더는 힘들어 못 하겠다며 쓴웃음을 지으셨다. 눈꽃처럼 하얗게 센 흰머리에 소나무같이 굽은 허리가 그날따라 안쓰러워 보였다.

하지만 해가 바뀌자 마음이 변했다. 자식들 주고 싶어 굽어진 허리에 복대까지 차고 또 마늘을 심으셨다.

밭에서 나온 마늘이 시원한 그늘에 며칠 쉬더니 얼굴도 몸매도 훨씬 날씬해졌다. 가느다란 철봉에 올망졸망 매달려 있는 마늘 통이 사랑스럽기만 하다. 어머니의 손길에 마늘은 상급반, 중급반, 하급반으로 우열이 매겨졌다. 여기서도 인간 세상의 인물, 성적주의가 여지없이 적용되는가 보다. 상급반 친구들은 철봉에서도 제일 좋은 자리를 차지하고 있다. 마늘 꾸러미를 바라다보는 노인네의 입가엔 벌써 흐뭇한 미소가 가득하다. 하루에도 몇 번씩이나 쳐다보고 만져보는지 모르겠다.

이미 누구한테 줄 건지 마음속으로 얼굴을 그리셨겠지. 아주 잘난 놈 몇 접은 벌써 집안 깊숙이 숨겨져 있다. 사돈에게 보낼 특별한 진상품이다. 이건 아무도 못 가져간다. 장남인 나한테도 차례가 오지 않는다. 서해안 육쪽 마늘을 선물 받은 사돈도 해마다 홍삼이며 굴비며 최고의 선물을 보내오신다. 어머니는 그걸 안다. 품앗이로 갚아야 한다는 걸.

어머니 건강이 날로 좋지 않다. 작년에도 마늘을 심고 나서 며칠 안 돼 허리가 아프다고 끙끙거리며 몸져누우셨다. 전에 다니던 천안의 척추 전문병원에 다시 입원했다. 수술실에 들어가는데 이젠 겁도 내지 않는다. 노인네답지 않게 떨지도 않고 호탕하셨다. 일주일 후 의사가 퇴원시키며 당부의 말을 잊지 않았다.

"할머니, 이젠 밭에 가서 무리하게 일하지 마세요! 비싼 돈 들여 수술했는데 부러지면 큰일 나요." 내려가는 엘리베이터 앞까지 따라오며 친절하게 인사한다. 어느새 정이 들었는지 담당 간호사도 어머니 손을 잡으며 작별 인사를 했다. 이제 집에 간다니 신이 난 표정이다. 퇴원하는 차 안에서 어머니는 앞으로 삼 년은 더 살아야 한다고 했다. 왜냐고 웃으며 물어보았더니 막내아들 은행 지점장 되는 걸 보고 싶단다.

검게 그을린 어머니 얼굴에서 비장함이 엿보였다. 작년엔 이제 살 만큼 살았으니 따뜻할 때 아버지 따라가야겠다 하시더니. 늙어가도 생의 욕심은 줄어들지 않는가 보다. 지난 유월에도 온종일 뙤약볕에서 돌덩이 같은 흙을 뒤져가며 마늘을 캐셨다. "내가 이 고생을 왜 하나 몰라. 이제 정말 올해가 끝이다. 이게 너희들한테 주는 마지막 선물이야." 하셨다. 땅바닥에 철퍼덕 궁둥이를 붙이고 앉아 마치 유언이라도 하듯 말했다.

그러나 이 노인 말씀 또 깨질 것을 자식들은 잘 안다. 작년에도 똑같이 그러셨으니까. 시골 농부의 아내로 살아온 어머니가 농사를 놓으면 생명줄을 놓는 것으로 안다. 허리가 구부러지는 줄도 모르고 구십 평생 일했건만 그 인연의 줄을 놓지 못한다. 무한정 걱정해야 하는 자식 농사와 마찬가진가 보다.

마늘 값은 올해에도 비싸지 않았다. 수입 마늘이 시장에서 판치는 바람에 종잣값, 비룟값, 농약값을 주고 나면 적자다. 그래도 농부들은 또 마늘을 심는다. 아무리 싸다고 해도 중국산 마늘은 사 먹지 않는다.

노인이 직접 농사지어 한 접씩 차에 실어 주는 맛을 나는 모른다. 살며시 어머니 손을 잡아 봤다. 손바닥이 새로 만든 멍석 바닥처럼 거칠고 서걱서걱 소리가 난다. 한평생 자식들 뒷바라지에 온몸은 플라타너스 껍질처럼 다 벗겨지셨다.

사십오 세에 낳은 늦둥이 아들이 은행 지점장 되는 걸 꼭 보고 싶다는 어머니. 이제 구순이 넘으셨는데 언제까지나 자식 손을 잡을 수 있을까. 마늘이 내 것만 남았다고 하기에 창고에 있는 마늘을 모두 차에 실었다. 대전에 사는 고향 친구에게도 한 접 갖다주려고…. 잠시 후 어머니가 헐레벌떡 달려와 트렁크 문을 열어 본다.
"얘야, 그래도 종자는 남겨 놓고 가야지."

초보 총무

저녁을 먹다 전화를 받았다. 아리따운 여성의 목소리가 들렸다. 얼른 수저를 내려놓고 안방으로 들어갔다. 이러는 걸 보면 나도 약간은 끼가 있는 남자다. 일단 아내의 눈을 피하려고 방문을 닫았다. 누구시냐고 물으니 문학회 사무국장이란다. 이때만 해도 가입한 지 얼마 안 돼 사무국장을 잘 모를 때였다.

얼마 전 이사를 하여 천안에 산다고 들었는데 '우리 집 근처에 볼일 보러 왔나. 커피 한잔하자고 전화했나.' 별의별 상상을 다 하고 있는데 난데없이 회의에서 문학회 사무국장이 되었다고 전달했다. 밑도 끝도 없이 이러는 거다. 혹시 몇 년 후에 라면 모를까. 회원들의 얼굴도 제대로 모르는데 아직 자격이 안된다. 일단 딱 잡아뗐다. 난데없는 통보에 어안이 벙벙하긴 나도 마찬가지였다. 갑자기 뒤통수를 얻어맞은 기분이었다. 아무튼 본인 동의 없이 그 자리에 있지도 않은 사람을 뽑은 것도 규칙에 어긋난다는 생각만 들었다.

내가 말도 못 하고 머뭇거리고 있으니 김 사무국장도 사태가 쉽게 해결될 것 같지 않은 예감을 했는지 "저는 오늘로 끝이에요. 회의 결과만 전달하는 겁니다. 이 선생님이 회장 되셨으니 그분과 통화해 보세요." 도망치려는 듯, 긴박한 상황을 모면하려는 듯 김 사무국장은 재빨리 전화를 끊었다.

방안에서 혼자 한참이나 서성거렸다. 아니 이럴 수가 있나. 날벼락도 유분수지. 작년 여름에 가입한 초보한테 사무국장을 하라니. 이건 하느님의 시험인 거야. 약간 흥분하며 거실로 나오는데 식구는 묘한 웃음을 짓는다. "요즘 당신 조금 이상해. 아까 여자 목소리가 나던데 누구예요. 그리고 왜 휴대전화는 들고 안방으로 들어가?" 밥상 너머로 한 방 날린다.

아내에게 자초지종 얘기를 들려줬다. 결과는 예상한 대로 말이 끝나기가 무섭게 그만두라고 한다. 하긴 지금 하는 총무도 서너 개는 되니 내가 봐도 부담스럽고 무리다.

그날 밤 밤새 고민했다. '가입한 지 일 년도 안 됐고 아직 회원들 얼굴도 모른다. 아직 수필에 '수' 자도 잘 모르는 주제에 사무국장이라니, 이건 아니지.' 하고 결론을 내렸다. 다음 날 일단 정확한 상황을 파악해야겠기에 고향 선배인 문 선생님과 평소 글 지도를 자상하게 잘해 주시는 최 선생님께 전화를 했다. "어제 회의에서 저를 사무국장으로 지명하였다는데 그게 사실인가요. 능력이 안 돼 사절할까 하는데 결례가 될까요?" 하고 물었다. 그랬더니 두 분 선생님께서 사전에 짜기라도 한 듯 젊은 사람이 수필을 배우겠다고 들어 왔으면 봉사도 해야지, 무슨 소리야. 지금 적임자가 없어서 당신을 뽑은 거 같으니 2년만 수고하란다. 아예 다른 말은 하지도 못하게 말뚝을 박았다. 구원군을 만나러 갔다 되레 당하기만 했다. 평소 존경하는 두 분 선생님 말씀에 찍소리도 못하고 전화를 끊었다. 수필도 모르면서 문학회도 모르면서 얼떨결에 사무국장을 맡게 되었다. 그게 2020년 2월이다.

2월 말부터 '코로나'가 시작되어 세상은 어수선해지기 시작했다. 초보가 40여 명 단체의 총무를 맡고 보니 무엇부터 해야 할지 겁부터 났다. 일단 세무서에 고유번호증 변경 신고를 하고 은행에 지원금 전용 통장을 만들었다. 그리고 출판 보조금을 받기 위해 대전문화재단에 사업계획 보고를 했다. 인터넷으로 하려니 여기저기 막혔다. 재단 담당자한테 미안할 정도로 전화했다. 그렇게 해서 며칠 만에 간신히 통괄할 수 있었다.

한번은 또 원고를 모아 인쇄소에 넘기면서 큰 실수를 했다. 회원들한테 받은 원고는 오는 대로 접수하여 1차 읽어 보고 사진과 프로필을 첨부하여 인쇄소로 보냈다. 모두 전달이 잘된 줄 알고 태연하게 있었는데 교정 모임 날 보니 인쇄물로 나오지 않은 원고가 4건이나 있었다.

교정 모임 하는 날에서야 빠진 것이 발견되어 해당 회원의 원망을 들어야 했고 회장님한테도 면목이 없었다. 당시엔 쥐구멍이라도 찾아 들어가고 싶은 심정이었다. 인쇄소에 원고 메일을 보낸 후에는 접수가 제대로 됐는지 꼭 확인해 봐야 한다는 교훈을 얻었지만 죄책감도 들고 큰 충격을 받았다.

7월 들어 코로나19가 조금 사그라지는 듯하더니 또 다시 동해안 산불처럼 거세게 들고 일어났다. 넓은 회의실을 빌려 오붓하게 우리만의 출판기념식을 멋지게 해 보려고 회의장 현장답사도 하고 색소폰 공연팀과 일정도 잡았으나 아쉽게도 행사를 취소할 수밖에 없었다.

다행히 선배들이 초보라고 너그러이 용서해 주어 어렵사리 출판은 마칠 수 있었으나 그때를 생각하면 지금도 죄송하고 미안한 마음이 든다.

이건 누가 뭐래도 탄핵감이다. 하늘을 우러러 할 말이 없게 됐다. 지금이라도 책임을 지고 물러나고 싶다.

3부 오디 익어가던 밤

강냉이죽

11월 초 토요일. 모처럼 날씨가 세 살 손녀 얼굴처럼 환했다. 올해 마지막일지도 모를 가을을 느끼고 싶어 장태산 휴양림으로 향했다. 하늘을 찌를 듯 높이 솟은 메타세쿼이아가 두 팔 벌려 반긴다. 언제 갈색 옷으로 갈아 입었는지 옷차림도 고혹적이다.

휴양림 입구 어디에서 추억의 냄새가 풍겨왔다. '강냉이 빵'이다. 국민학교 시절 급식으로 먹었던 강냉이 빵이 생각나 한입 물어보았다. 옛 추억을 찾아보려 했던 내 욕심이 과했는지 아니면 반세기 지난 세월이 동심을 빼앗아 간 건지 겉모양은 옛 모습 그대로였건만 입맛은 영 아니었다.

1960년대 후반 국민학교 다닐 때다. 영양이 부실했던 친구들은 얼굴에 하얀 버짐이 피었다. 아예 부황이 들어 얼굴이 누렇게 뜬 친구도 있었다. 머리에 기계총이 생기고 부스럼도 생기고…. 특히 봄철이면 기생충으로 횟배 앓는 친구도 많았다. 그 시절 콜타르 까맣게 바른 숙직실 옆 목재 창고에는 옥수수가루 포대가 가득 쌓여 있었다. 누런 포대 겉면에는 태극기와 성조기가 사이좋게 두 손을 잡고 악수하는 그림도 그려져 있었다. 옥수숫가루는 미국에서 보내준 원조물자였다.

학교에서는 점심시간에 맞춰 옥수숫가루로 죽을 끓였다. 이것이 '강냉이죽'이다. 숙직실 앞 공터에는 강냉이죽을 쑤는 커다란 솥이 여러 개 줄지어 있었다. 말이 솥이지 아이들 서너 명은 들어가 목욕할 수 있을 정도로 큰 가마솥이었다. 매일 아침 아주머니들이 솥을 닦고 장작을 나르며 분주하게 움직였다. 점심시간이 되면 각반 당번들은 숙직실 앞으로 달려가 소사 아저씨가 나누어 주는 강냉이죽을 받아 들고 왔다. 김이 모락모락 피어오르는 구수한 강냉이죽을 배급받는 친구들을 부러워하며 입맛만 다셔야 했다.

교탁 앞에 한 줄로 서서 기다리다 강냉이죽이 도착하면 한 바가지씩 받아먹던 강냉이죽은, 지금 그 어떤 음식과도 비교할 수 없을 정도로 맛이 있었다. 그러다 얼마 후부터는 급식 방법이 개선되어 빵으로 만들어 주었다. 노랗게 쪄낸 '강냉이 빵'은 먹음직스러울 뿐만 아니라 옥수수 특유의 구수한 맛이 담겨 있어 강냉이죽보다 더 인기가 좋았다.

강냉이죽은 간식거리가 흔하지 않던 시절, 우리 입을 즐겁게 해주었고 주린 배도 채워주었다. 강냉이죽과 강냉이 빵을 먹던 일은 학교생활의 또 다른 즐거움이었다. 마냥 배고프던 60년대, 국민학교에 다녔던 우리에겐 둘도 없는 요깃거리이자 특별한 음식이었다. 옥수수죽은 기본적으로 몹시 어렵게 사는 아이들에게만 배급되었다. 하지만 누구라 할 것 없이 다들 먹고 싶어 했다. 내가 옥수수빵을 먹을 수 있는 배급 대상이 아닌 것이 원망스러울 정도로 맛이 좋았다. 가끔은 옥수수죽을 먹고 싶어 친구를 졸라 도시락과 바꿔 먹기도 했다.

　점심시간을 알리는 종이 울린다. 가마솥 앞 유리창에 하얀 김이 두텁게 서리면 노란 강냉이 빵이 한껏 부풀어 올랐다. 배고픈 교실들이 숨을 죽이며 일제히 이쪽을 바라다본다. 솥뚜껑이 열리고 두부처럼 잘린 강냉이 빵에서 구수한 솔잎 향이 밀려왔다. 강냉이 빵의 표면은 누룽지처럼 단단하고 두툼했다. 고소한 껍데기를 먼저 야금야금 떼어먹거나 부드러운 속살을 입안 가득 베어 물면 세상 부러울 게 없었다. 약간 거칠면서도 구수하고 탄력이 있었다. 장작불로 쪄내서 그런지 약간의 불 냄새와 입안에서 몽글몽글 씹히는 식감은 일품이었다. 지금 먹는 빵에선 도저히 느낄 수 없는 소박한 손맛이 들어 있었다.

　어린 시절 학교에서 먹던 강냉이 빵이 생각나 가끔 길거리에서 파는 옥수수빵을 사 먹어 보지만 매번 실망한다. '아 이 맛이 아닌데' 하는 느낌만 올뿐 한 번도 그 옛 맛을 찾을 수 없었다. 우리 입맛이 그만큼 고급스러워진 게다. 어느덧 국민학교를 졸업한 지 50여 년의 세월이 흘렀다. 하지만 구수하면서 탄내가 약간 나고 거칠었던 그때의 강냉이죽과 강냉이 빵이 지금도 생각난다. 아마 그 맛은 영원히 잊을 수 없을 것 같다. 이제는 그 맛을 어디에 가도 느낄 수 없으니 아쉽다. 배가 얼마나 고팠던지 도시락 밑바닥까지 혓바닥으로 빨아 먹던 그 맛을 지금 아이들은 알기나 할까?

우리나라가 세계 10위권의 경제성장을 일궈내면서 식생활 구조도 많이 변했다. 육류 소비가 늘어나고 외식산업도 크게 발전했다. 영양과잉과 운동 부족에 따른 비만으로 성인병과 그 밖의 질환을 걱정하게 되고, 넘쳐나는 음식물쓰레기가 골칫거리인 세상에 살고 있다. 세상이 변해도 너무 많이 변했다. 집집마다 냉장고를 두 대, 세 대씩이나 가지고 사니 말이다. 집안에 먹을 것이 언제나 가득하다.

요즘 어린이들은 강냉이 빵을 쳐다도 보지 않는다. 하지만 나이를 먹은 어른들은 그냥 지나칠 수가 없다. 누런 강냉이 빵에 고향과 어머니와 아버지가 들어 있기 때문이다.

옛날 강냉이 빵과 도시락을 바꿔 먹던 친구들은 지금 어디에 살고 있을까. 이제는 세월 따라 저 멀리 날아 가버린 추억, 더 늦기 전에 그때의 나를 찾아 떠나고 싶다.

네가 좀 해봐

위대한 철학자로 '이마누엘 칸트(1724~1804)'를 꼽는다. 칸트는 집에서도 생활계획표를 짜고 철저하게 시간을 지키며 살았다고 한다. 새벽 다섯 시 반에 일어나 홍차를 마시며 책을 읽었다. 낮에는 강의 준비를 하고 학생들을 가르쳤다. 오후 한 시가 되면 친구들을 초대해 식사하고 세 시가 되면 산책을 했다. 이웃들은 칸트가 지팡이를 손에 든 채 보리수나무 길을 지날 때면 정확히 오후 세 시 반임을 알았다고 한다.

성당의 시계보다 더 규칙적으로 일상의 업무를 수행하며 살았다는 칸트. 그처럼은 못할망정 선진 국민의 준법정신과 약속 지키기, 예약문화를 우리도 배워야겠다. 그래야 서로 편하고 더욱 질 좋은 서비스를 받을 수 있다. 미국 사람들은 병원 갈 때는 당연하고 이발소나 미용실에 갈 때도 꼭 예약하고 간단다.

며칠 전 국민학교 동창회 전 총무한테 전화가 왔다. "6월 야유회 모임을 앞두고 혼자 추진하느라 고생이 많지! 참가 인원수에 너무 연연하지 마. 그냥 내버려 두었다 오는 친구끼리 하면 돼."

올해로 초등 동창회 총무를 맡은 지 삼 년이 된다. 모임 때마다 문자로, 전화로, 수 없이 독촉해야 삼십 명 정도 모인다. '누가 느려터진 충청도라 안 할까 그러는지' 참석할 예정이면서도 미리 참석한다는 말들을 끝까지 안 한다. 이번 행사는 버스를 전세내 대천으로 가려고 추진 중이다. 날짜가 일주일 앞으로 다가왔지만 확실히 간다고 연락 온 사람은 십여 명에 불과하다. 대천항에서 유람선을 타기로 했는데 몇 명이나 예약해야 할지, 횟집에는 또 몇 명이나 간다고 해야 할지, 기념품은 몇 개나 사야 할지 예산을 수반한 사항이라 걱정을 안 할 수가 없다.

그러니 매일 휴대전화를 붙잡고 나 혼자 애를 태우고 있다. 오늘도 식구가 옆에서 한마디 한다. "전화 요금은 받고 하는 거야? 이건 무슨 상담실도 아니고 뭘 그리 나오라고 사정사정해…." 오늘도 아내한테 한마디 듣고 밖으로 나왔다. 재작년 봄, 국민학교 동창 총무를 맡았다고 하니 그걸 왜 또? 은근히 화를 냈다. "고등학교 반창회, 퇴직자 친목회, 향우회 총무까지 하면서 또 맡았어? 자기! 가만 보면 엄청나게 감투 좋아해." 하며 비꼬았다. 적임자가 없어서 할 수 없이 맡았다고 했지만 싫어하는 눈치가 역력했다.

충남 당진 신평국민학교를 졸업한 지 어언 오십여 년이 지났다. 작년에는 오십 주년 행사로 생존해 계신 은사님 두 분을 모시고 회고의 말씀도 듣고 조그만 기념품도 준비해 드렸다. 십여 년 만에 담임 선생님을 다시 뵈었다. "지금 마음 같으면 잘해 주었을 텐데 육십 년대엔 너무나 어렵고 가진 게 없던 시절이라 너희들에게 잘해 주지 못해 미안하다."라며 눈시울을 붉히셨다. 벌써 세상을 떠난 이십오 명의 친구에게 '우리만 살아남아 이렇게 기쁜 날 맞는구나 미안하다' 하며 묵념도 올렸다.

오랜 세월의 흔적인가? 한쪽 모서리가 닳아서 너덜너덜한 빛바랜 졸업앨범을 영상으로 보여줬다. 기와지붕 목조교실, 조개탄 연기 솔솔 나던 양철 굴뚝, 사이다만 한병 먹어도 즐겁던 소풍, 개선문 용진문 가을 운동회 모습에 다들 눈가에 눈물이 고였다. 마지막으로 가사도 아련한 교가를 합창하며 의미 있는 하루를 보냈다. 이 개월 전부터 문자를 보내고 전화도 했다. '사십 명은 오겠지' 하고 예약했는데 삼 십오 명만 참석해 식대 일부를 변상해야만 했다. 올해엔 또 몇 명분을 예약해야 할지 벌써부터 걱정이 된다.

"친구들아! 제발 속 좀 그만 썩이고 나 좀 도와줘 이제는 나잇값을 하고 살아야지. 이러고도 어른이랍시고 아들, 손자에게 훈계하며 살 수 있겠어. 여유 있으면 찬조도 조금 해주고, 친구들과 예전 나쁜 감정일랑 다 잊고 좋은 것만 보고 살자. 남 흉일랑 절대 하지 말고 칭찬이나 하며 살자. 모임 연락 가면 답장 꼭 해주고." 우리나라처럼 학연, 지연을 많이 따지며 사는 나라도 없다고 한다. 동창회, 향우회는 어디를 가든 서로 경쟁하듯 성황이다.

특히 남자들은 초등부터 대학까지 동창회에 다니는 게 제일 큰 일이다. 한 달에 몇 건씩 쫓아다니다 보면 시간도 많이 뺏기고 지출도 만만치 않지만 좋은 점도 많다. 부모상이라도 당하면 열 일 제쳐 두고 전국에서 모여 상부상조의 미덕이 유감없이 발휘된다. 장례식장에서 밤을 새워주고 발인식까지 함께하고 나면 정말 고향 친구들이 고마워진다. 어제는 멀리 광주에 사는 죽마고우 친구한테 전화가 왔다. "미안한데 이번에 바빠서 못 가겠어. 몇 명이나 오려나, 영광 모시떡이나 택배로 보내줄게." 한다.

너무 힘들게 하지 말라고 했지만 그 친구 성격에 이번에도 선행을 베풀 것 같다. 긴 가뭄 끝에 내리는 장맛비처럼 너무나 반가웠다. 고맙고 힘이 났다. '친구야 너는 빈손으로 와도 좋아.' 초등 친구들은 만나면 제일 편하긴 한데 예절들은 빵점이다. 우리가 직장 다닐 때는 모임 연락만 오면 바로 전화해서 수고한다며 참석 여부를 알려주고 살았다. 그런데 고향 초등 친구들은 연락해도 대부분 가타부타 말이 없다. 행사 때마다 몇 번씩 당부하건만 그날 지나면 그만이다.

정말 문제가 많은 당진 사람들이다. 어릴 적 고향 친구들이니까 말 안 해도 대충 다 알겠지, 이렇게 생각하나 보다. 지난번 행사를 마치고 나니 뷔페식당을 누가 정했냐며 비싸기만 하고 맛이 하나도 없다고 불평하는 친구가 있었다. 더는 참을 수가 없어 작심하고 한마디 해주었다.

"나, 올 연말이면 끝나니까. 다음엔 네가 총무 해라. 내가 꼭 너를 추천할게."

들판의 미루나무

봄바람이 아직은 싸하다. 가슴까지 파고든다. 요즘 운동길은 매일 바뀌는 캔버스 풍경에 신비롭기만 하다. 길옆 조팝꽃이 향긋한 꿀 향을 풍기며 살랑살랑 춤을 춘다. 흰 드레스가 잘 어울리는 싱그런 신부의 모습이다. 냇가의 부지런한 버드나무도 파란 잎새를 쫑긋 내밀며 대문 밖 세상을 기웃거린다. 유성 만년교 가는 길. 들판에 홀로 선 미루나무가 왠지 외로워 보인다. 삼월의 봄바람이 매섭다. 맨몸의 미루나무가 차가운 봄바람에 떨고 있다.

잔가지만 앙상한 미루나무. 이십 미터는 될성부른 우듬지들이 팔다리를 내놓은 채 찬 바람에 울고 있다. 어쩌나 잔가지가 많은지 위 아래로 층층시하다. 겨울을 이겨낸 삶의 고단함인가. 손발이 쩍쩍 갈라지고 얼굴도 새까맣게 타들어 간다.

칠십년대 초까지 농촌에는 미루나무가 많았다. 이른 봄 가지를 잘라 밭 뚝 가장자리에 대충 꽂아 놓으면 뿌리를 내리고 새순이 올라왔다. 그 재미에 해마다 몇 그루씩이나 심었다. 미루나무는 뽀얀 흙먼지가 종일 나는 신작로에서 잘도 자랐다.

지금은 가로수로 느티나무, 은행나무가 주종을 이룬다. 하지만 우리가 국민학교 다닐 적 신작로에는 커다란 미루나무가 주인이었다. 봄이면 야들한 잎새가 푸른 하늘 아래 연둣빛으로 눈부시게 빛났고 여름이면 미루나무 속 매미가 일주일 생이 짧다며 종일 애절하게 울어댔다. 가을이면 노랗게 단풍 들던 잎새도 운치가 있었다. 겨울이면 찬바람에 정처 없이 굴러가던 나뭇잎도 한 폭의 수채화였다. 미루나무 그림자가 길게 누워 있던 황톳길에 까만 땟국 흘리며 아카시아꽃 따 먹던 소년이 집으로 간다. 마을 입구에 들어서면 미루나무는 먼발치에서 알아보고 작은 손을 반짝반짝 흔들어 주었다. 봄바람이 살살 불던 날, 미루나무 아래에 서면 어릴 적 내가 좋아하는 동요가 풍금을 타고 두둥실 날아왔다.

아버지는 일제 강점기에 태어나 국민학교도 마치지 못하셨다. 어린 시절부터 할아버지 밑에서 농사일만 배우셨다. 소유하고 있던 농토도 얼마 안 돼 이십여 년 동안이나 부잣집 논밭을 빌려 도지농사를 지으셨다. 빌려 짓는 농토라 토박하고 수확량도 얼마 되지 않았다. 그뿐인가 부잣집에서 소를 빌려다 논밭을 갈아야 하니, 부잣집 일하는 날이면 만사 제쳐 놓고 달려가야만 했다. 밭두둑 끝에서 비바람을 막아주던 미루나무처럼 아버지의 팔십 평생은 들판에서 온갖 풍파와 싸워야만 했다.

손재주가 좋았던 아버지는 목수 일을 부업으로 하셨다. 그렇다고 일당을 많이 받은 것도 아니다. 시골에서 하루 농사일하는 것과 똑같은 품삯을 받으셨다. 틈틈이 집에서 지게, 써레 같은 걸 만들어 이웃에 나눠 주기도 했다. 사례비래야 담배 몇 갑 받으면 그만이다. 봄에는 감자를, 가을에는 김장배추를 주로 심었다. 부지런한 품성에 열심히 가꾸다 보니 농사는 잘되었다. 겨울에도 놀지 않고 새끼를 꼬거나 가마니를 짜셨다. 그렇게 지독하게 농사일에 매달리며 조금씩 넓힌 농토는 내가 고등학교 다닐 때쯤 오천 평까지 늘어났다. 그 흔한 동남아 여행 한번 못 가시고 중고 자전거를 자가용으로 알고 타셨던 검소한 아버지. 말씀은 하지 않았어도 나에게 부지런하고 검소하게 살아가라는 교훈을 남겨 주고 가셨다. 그래서인지 우리 형제들은 검소하게 자기 생활을 잘하고 있다.

신작로에 차가 지나가면 흙먼지가 뽀얗게 회오리쳤다. 그런 환경 속에서도 미루나무는 꿋꿋하게 평생을 살아간다. 그 길에 아버지도 지게를 지고 이십 리 장터를 오가셨다. 주머닛돈을 아끼려고 미루나무처럼 점심도 굶으셨던 아버지를 떠 올린다. 마을 이장을 보신다고 한량으로 세월을 보내신 할아버지 밑에서 칠 남매 뒤치다꺼리에 허리 펼 날 없었던 아버지를 이제야 이해한다.

아무것도 걸친 게 없는 늙은 미루나무. 깡마른 줄기와 검게 그

을린 표피에서 몇 년 전 돌아가신 아버지 모습이 보였다. 제대로 배운 것은 없어도 숟가락만 놓으면 들로 나가 일하시던 아버지. 팔십칠 세 되던 해 어느 날, 평소 말씀이 별로 없으시던 분이 자꾸만 화를 내셨다. 어느 날은 집에서 난데없이 사라져 식구들을 놀라게도 하였다. 평소 눈물이 많지 않아 매정하다고 생각했는데 하루는 가까운 할아버지 산소 앞에서 엉엉 울고 계셨다. 고약한 치매가 찾아온 것이다. 도저히 감당이 안 되어 요양원에 모시게 되었다. 요양원에서도 내년 농사일을 걱정하시던 아버지는 힘들게 장만한 농토만 들판에 남기고 쓸쓸히 떠나셨다.

울타리 안에서 사람들의 따뜻한 시선 한번 받지도 못하고 평생을 차가운 들판에서 떨어야만 하는 미루나무. 그 늙은 미루나무의 터진 줄기를 바라본다. 언젠가 내가 사다 드린 회색 작업복이 편하다며 십 년이나 입으시던 아버지가 생각난다. 그 작업복마저도 벗어 놓고 껄끄러운 수의 한 장 걸치고 유유히 떠난 아버지.

 싸한 봄바람이 분다. 다가오는 한식엔 고향 집이 보이는 들판에 미루나무 한그루 심어야겠다. 해마다 봄이 오면 거름을 넣어주고 겨울이 되면 춥지 않게 짚이라도 싸매주고 싶다. 조금씩 커가는 미루나무를 보며 평생 작업복 차림의 아버지를 그리워할 것이다. 미루나무가 커서 고향 집 지붕이 보일 때쯤이면 홀로 꿋꿋하게 들판을 지키시던 아버지의 못다 한 얘기가 우듬지에 뭉게구름처럼 내려앉을 것 같다.

무궁화호에서 만난 할머니

동창 모임에 가려고 수원 가는 기차를 탔다. 자리를 찾으니 할머니 한 분이 옆에 계셨다. 언뜻 보아 어머니 같은 연배라 어디 가시는지 여쭤보았다. 수원 간다고 했다. 수원까지는 한 시간 이상 걸릴 것 같아 편히 가려고 의자를 젖혔다. 그때 할머니가 물어보지도 않은 말씀을 하신다.

"손주 결혼식 보러 가요."

"아, 그러세요. 축하드립니다."

의례적인 인사만 하고 의자에 누웠다. "어젯밤 서울 사는 아들이 KTX 타고 편케 오라고 전화했어요. 근데 난 웬만해서 KTX는 안 타요. 노인네가 할 일도 없는데 뭐 그리 바쁘다고 KTX를 타요. 무궁화호도 좋기만 한데…."

'이제는 더 할 말 없으시겠지.' 하고 눈을 감았다. 하지만 그게 아니었다. 할머니 말씀은 여기서 멈추지 않았다. 내가 듣든 말든 계속 말을 걸어오셨다. 은근히 짜증도 났다. 아마 젊은 여인이 말을 걸어왔으면 내가 이러지는 않았을 텐데….

할머니 고향은 대구고 경북대학교를 나와 27년간 중등교사로 일했단다. 지금 세상을 떠났지만, 남편도 고위직 공무원이었다고 한다. 가사 도우미를 두고 연금으로 생활하며 매달 십만 원씩 유니세프 후원금을 낸다고 했다.

여기까지 듣고 보니 이제는 누워 갈 수가 없었다. 아무래도 할머니가 나를 그냥 내버려 둘 것 같지도 않았다. 의자를 바로 세우고 할머니를 자세히 바라보았다. 머리카락은 하얗게 세었지만, 이목구비가 뚜렷하고 빨간 모자에 옷차림도 세련돼 보였다.

'이분이 과연 어떤 분일까? 한번 얘기나 들어 보자' 하고 태도를 바꿨다. 할머니도 내가 관심을 보이자 신이 난 듯 표정까지 밝아지셨다. "이 연세에 유니세프 후원금을 다 내시고 정말 훌륭하세요." 했더니 흡족한 웃음을 지으신다. 사실은 아들이 어제 올라와 자고 오늘 예식장에 같이 가자고 했단다. 하지만 미리 올라가면 며느리가 힘들 것 같아 오늘 간다고 한다. 손주 예식만 보고 바로 또 내려갈 거라고 하셨다.

아들이 법대 교수인데 오늘 결혼식에 축의금을 받지 않는단다. 하객도 친한 친구 몇십 명만 불러 조촐하게 치른다고 했다. 아들에게 "여태껏 경조금 많이 냈을 텐데 너는 왜 안 받니?" 하고 물으니 "꼭 도로 받아야 하나요. 저야 살만하니, 안 받아도 됩니다."라고 하더란다.

아들이 장가간 이야기도 들려줬다. 대학교 1학년 때 사귄 여자인데 부도난 사업가 집안이었다. 할머니는 집안이 마음에 들지 않아 결혼을 적극적으로 반대했다. 그랬더니 아들이 인생 끝내겠다며 수면제를 먹었고 병원 응급실까지 실려 가게 되었다. 다행히 병원에서 깨어난 아들에게 "왜 헤어지지 못하는 거냐?" 하니 "남자가 결혼하자고 했으면 끝까지 약속을 지켜야지. 어떻게 헤어져요. 어머니가 변명할 방법을 알려줘 봐요." 이러는 바람에 더는 반대를 못 했다고 한다.

할머니는 난생처음 아들에게 잘못했다고 사과하고 결혼을 승낙했다고 한다. 아들이 엄마와 다투고 우여곡절 끝에 결혼했지만 지금까지 금슬 좋게 잘 살고 있다며 좋아하셨다. 아마 끝까지 결혼을 반대했으면 아들을 잃었을지도 모른다고 했다.

아들은 법대 졸업 후 바로 사법고시에 합격했다. 남들이 부러워하는 판사를 십여 년 하더니 어느 날 죄인 다루기 힘들다며 사표를 내고 법대 교수로 가더란다. 지금 서울법대 교수로 있으며 인기가 많아 수강생이 복도까지 찬다고 했다.

할머니는 아들이 성인이 된 후 하루도 같이 살지 않았다. 아들한테 생활비도 보내지 말라고 했다. 국가에서 받는 연금이 있어 생활비는 걱정 없다고 한다. 그래도 아들은 보내는 재미가 있다며 매달 생활비를 꼬박꼬박 보내와 따로 모아 놓고 있단다.

손주 둘이 결혼했는데 1억씩 주셨단다. 남은 두 명의 손주에게도 똑같이 해줄 거라 하시는데, 어느덧 기차는 수원에 도착했다. 헤어져야 할 시간이 되니 조금 아쉬웠다. "할머니도 대단하신 분이고 아드님도 참 훌륭하시네요. 건강하게 오래오래 사세요." 인사를 드리고 할머니의 가방을 맞이방까지 들어다 드렸다.

모임을 마치고 다시 수원역을 찾았다. 오전에 만난 할머니도 손주 예식을 다 보고 역으로 나오셨을까. 혹시나 하는 마음에 맞이방 여기저기를 둘러보았다. 빨간 모자를 쓴 할머니는 끝내 보이지 않았다. 승차장에서 기차가 올 때까지 영화에서 애인을 기다리는 배우처럼 한동안 주위를 서성거렸다. 훌륭하신 할머니를 한 번 더 보고 싶었다.

기차에 올랐다. 이번엔 주위를 볼 것도 없이 의자를 젖히고 편히 누웠다. 높다란 천장 위로 오전에 만난 빨간 모자 할머니가 영화의 한 장면처럼 스쳐 지나간다. 조건 없이 사랑만으로 결혼한다는 것, 검소하게 산다는 것, 조금은 베풀고 살아간다는 것이 절대 쉽지 않다. 잠깐 왔다 가는 인생길, 이런 흔적 하나 남기고 갈 수 있으면 좋겠다. 참으로 생각이 깊으시고 인격 높은 어른을 만나 기분 좋은 하루였다.

그날 밤 집으로 돌아와 '오늘 할머니 말씀이 사실일까, 조금은 꾸민 말이 아닐까.' 하는 좁은 소견에 인터넷을 검색해 봤다. 할머니가 말한 교수가 서울대 법대에 정말 계셨다. 관련 블로그를 보니 할머니 말씀대로 제자들이 존경하는 명교수가 틀림없었다. 올바르게 살아가는 할머니 가족을 의심하고 인터넷까지 뒤져 본 내가 참으로 부끄러운 하루였다.

동네 목욕탕에서

　동네 목욕탕에 갔다. 이제 좀 기온이 올라가서 그런지 다른 때보다 사람은 많지 않았다. 모처럼 조용한 탕 안에서 목을 편안히 벽에 기대고 옥구슬 같은 물방울이 아롱다롱 매달린 천장을 바라보니 세상 부러울 게 없었다. 육천 원이면 뜨거운 물 실컷 쓰고, 때 밀고, 기분전환까지 시켜주니 세상에 이보다 나은 곳도 없을 것 같다.
　어릴 적 농촌에서는 여름이면 마을 앞 조그만 냇가에서 친구들과 모여 단체로 목욕했다. 가을부터는 추워져 냇가에서 할 수 없고 집안에서 해결해야 한다. 궁여지책으로 부엌 바닥에 가마니를 깔고 집 안에 있는 제일 큰 양철 대야에 더운물을 부어 주면 거기에 들어가 한참 동안 몸을 불렸다. 어머니가 달려와 때를 밀어주면 아프다고 엄살 부리다 부엌 쪽문으로 들어오는 찬바람에 벌벌 떨며 기어 나왔다.
　양철 대야 속에 오래 있다 보면 더운물이 식어 온몸이 경직되지만, 푹 불어서 국수 가닥처럼 밀리는 때를 보면 순간 짜릿한 쾌감

도 있었다. 그 시절 농촌에서는 우리가 안 씻고 다녀 국민학교에서는 정기적으로 때 검사를 했었다. 신체검사를 약식으로 할 때야 손톱 밑에 때 낀 때나 손등이 타서 갈라진 것만 단속 대상이었는데 문제는 약식 말고 큰 검사였다. 남자 여자 할 것 없이 "며칠날 때 검사 할 테니 모두 깨끗하게 씻고 와." 하면 모두가 죽을 맛이었다.

그때만 해도 우리가 살던 시골엔 목욕탕이 없었고, 농사짓는 부모들은 사시사철 농사일에 바빠 자식 씻겨 줄 여력도 없었다. 목욕 한번 하려면 가마솥에 불을 때 많은 물을 데워야 했기에 동생들과 단체로 돌아가며 컴컴한 부엌에서 목욕하는 것도 일 년에 서너 번뿐이었다.

돌이켜 생각해 보면 참으로 부끄럽고 안타까웠던 학창 시절의 추억이다. 요즘에 때 검사 한다고 옷 벗으라 했으면 인권침해라고 교육청에 신고할 일이다. 그때는 학교에서 결핵 검사, 회충 검사 등 아이들의 위생을 일일이 챙겨 주었다.

　직장생활을 하게 되면서 도시에 있는 따끈한 목욕탕에 자주 가게 되었다. 주말에 친구들과 만나 단체 목욕을 하고 목욕탕을 나와서는 대폿집에서 막걸리 한 잔씩 나누는 게 당시 큰 즐거움이었다. 아이들이 태어나서는 여관방을 얻어 온 가족이 함께 목욕하고 중화요리 집에 가서 짜장면 한 그릇씩 먹고 왔다. 당시엔 아이들도 짜장면 외식을 고대하고 제일 좋아했다.

　이렇게 평생 수도 없이 목욕탕을 드나들었지만, 농촌에 살았던 부모님은 따끈따끈한 목욕물도 실컷 써 보지 못하고 멋진 대형 사우나가 있는 줄도 모르고 먼 나라 여행을 떠나셨다. 살아생전 목욕이라도 자주 모시고 다닐 걸 이제야 후회가 된다. 그곳에서라도 자주 따끈한 목욕탕을 찾아 몸도 닦고 피로도 풀고 오셨으면 좋겠다.

　목욕탕에 누워 지난 일을 생각해 보니 옛일이 주마등처럼 떠올랐다. 탕에서 나와 예전 고추밭 매는 아주머니들이 엉덩이에 깔고 일하던 플라스틱 빨간 의자에 앉아 머리부터 감았다. 그때 칠십은 넘어 보이는 어르신이 내 옆으로 왔다. 대뜸 "목욕하러 왔으면 등을 밀어야 목욕한 거 같지 않나?" 하며 이태리타월을 달라고 했다. 내가 사양했음에도 거의 수건을 낚아채듯 가져 가셨다. 때 밀지 않는다고 다른 데로 도망갈 수도 없고 할 수 없이 가만히 앉아 있었다. 조금 후 어르신이 등을 어찌나 힘차게 미는지 약간 아프기까지 했다. 차마 아프다고 말할 수도 없고 꾹 참고 있었다. 삼분 정도 지나 물을 뿌려 주며 작업을 마쳤다. 요즈음 서로 등 밀어주는 사람 없는데 모처럼 목욕 개운하게 잘 했다고 정중히 인사를 드렸다. 그리고 바로 신세를 갚으려고 등 밀어 드린다 하니 벌써 마쳤다며 샤워기 쪽으로 신속하게도 달아나셨다.

'요즈음에 이렇게 정이 깊은 어르신도 계시는구나. 맹자의 성선설을 확실하게 증명해 주셨어. 나도 오늘 받은 은혜는 갚고 가야지' 하고 옆에 있는 또래 손님에게 등을 밀어준다고 했더니 기다렸다는 듯이 등을 내밀었다. 조금 전 어르신이 내게 해준 것처럼 정성껏 등을 밀어 드렸다.

이십여 년 전만 해도 전국 어디에 가든 목욕탕에 가면 옆 사람과 서로 등을 밀어주는 아름다운 풍습이 있었다. 그런데 어느새 슬그머니 사라졌다. 대신 때밀이 아저씨들이 한 명씩 자리를 잡고 있다.

'앞으로 목욕 가면 무조건 한 사람씩 등을 밀어주자. 운동도 되고 착한 일도 되니 하나도 손해 볼 게 없어!' 계산대에 나와 시원한 선풍기 바람을 쐬며 냉수 한 컵 마시니 세상이 달라 보였다. 사소한 건 베풀고 살아 가는 게 행복 아닌가. 자전거 타고 집에 오는 동안 나도 모르게 콧노래가 나왔다.

 일주일 후에 그 어르신을 다시 만나면 내가 먼저 등을 밀어 드려야겠다. 오늘따라 유등천에서 바라본 남쪽 하늘이 더 높게만 보였다.

오디 익어가던 밤

70년대에 잠업과가 있었다. 농업고등학교에 있던 학과 이름이다. 누에 치는 기술을 가르쳤다. 잠업과? 지금 학생들에게 물어보면 십중팔구 모른다고 할 것이다. 그 당시에도 아는 사람은 많지 않았으니까.

중학교를 졸업할 무렵이다. 가정 형편이 어려워 대도시 진학은 꿈도 꿀 수 없었다. 고등학교는 가고 싶고 할 수 없이 집에서 멀지 않은 농업학교를 찾아갔다. 당시에 농과, 축산과가 인기였지만 남들이 선호하지 않는 잠업과에 원서를 냈다. 우리 사는 지역에 뽕나무밭이 많았고 집집이 누에도 많이 쳤기에 배워두면 쓸모가 있을 것 같았다.

봄·가을에 두 번 하는 누에 농사는 야간에 할 일이 많아 학교에서 실습생을 따로 뽑았다. 실습생은 학교에 머물며 선생님 지시에 따라 누에를 쳤다. 3년간 수업료를 면제받을 수 있다기에 서둘러 지원했고 다행히 선발의 영광을 누리게 되었다.

 봄날 학교를 마치고 집에 가는 길가 밭둑에는 참기름을 바른 듯 싱싱한 뽕잎이 지는 해를 바라보며 꾸벅꾸벅 졸고 있었다. 며칠 후면 누에에게 밥이 될 처지건만 아무것도 모른 채 배부른 아이처럼 그저 웃기만 했다. 밭둑마다 무성하게 자란 뽕나무 가지에는 탐스러운 오디가 포도송이처럼 주렁주렁 매달려 있었다. 바람결을 타고 날아오는 달콤한 오디 향은 배고픈 소년을 유혹했다. 누구라 할 것 없이 책보를 집어 던지고 밭둑에 떨어진 오디를 주워 먹었다. 흙도 묻고 시들어 지저분했지만 그걸 따질 계제가 아니었다. 허기진 배를 오디로 채우다 보면 어느새 입술은 보랏빛으로 물들어 갔다.
 농고를 졸업하고 집에서 1km 떨어진 곳에 있는 뽕밭을 얻어 누에 농사를 지었다. 아침저녁으로 손수레에 무거운 퇴비를 싣고 언

덕을 넘어 다녔다. 힘에 겨워 입에서 단내가 나고 손수레 바퀴는 땅에 달라붙어 따라오지 않았다. 길가에서 동네 처녀라도 만나면 부끄러워 말도 걸지 못했다. 몇 년을 내버려 두었던 뽕밭은 가뭄도 심하고 뽕나무도 쉽게 자라지 않았다. 오랫동안 퇴비 구경을 못 한 뽕나무는 평생 농사로 늙으신 아버지 손처럼 까칠했다. 우리 집 누에가 먹기에도 보리밥처럼 거칠었을 것이다.

봄 누에를 치던 어느 날 새벽. 첫 밥을 주려고 컴컴한 방에서 일어나다 그만 난로에 팔뚝을 데었다. 순식간에 벌어진 참사에 집안 식구들이 모두 일어났다. 화상 치료에 좋다는 걸 다 해 봤지만 상처는 오래도록 남았다. 그때 어머니는 당장 누에 농사 그만두라며 엄청 화를 내셨다. 어린 나이에 애쓰는 모습이 안쓰러워 보였을 것이다. 그래도 처음 벌려놓은 일이니 중단할 수가 없었다. 어떻게든 성공하고 싶었다.

누에 농사는 새벽 5시에 일어나 첫 밥을 주고 밤 11시에 마지막 밥을 준다. 뒷정리하고 나면 12시가 넘는다. 서너 시간 잠자고 버텨야 하는 중노동이기에 농사가 끝나면 2~3kg씩 체중이 준다. 고등학교를 졸업하고 바로 시작한 일이다 보니 경험도 적고 농촌 사정도 몰라 매사 어려웠다. 집에서 너무 먼 거리에 있던 뽕밭이라 일하러 다니기도 힘들었다. 마침 군대 갈 시기가 다가와 3년 만에 누에 농사를 그만두었다. 혼자 할 수 없는 일이기에 괜히 부모님만 고생시켜 드린 셈이다. 그때 좀 더 치밀하게 준비하고 시작했더라면 성공할 수 있었을 것이다. 준비도 끈기도 부족했던 나를 원망만 했다.

누에는 한 달이라는 짧은 기간에 뽕잎을 먹으며 네 번 자고 네 번 허물을 벗는다. 제때 허물을 벗지 못하면 다음 단계로 성장을 할 수가 없다. 옛 어른들이 누에를 보고 교육 제도를 만드신 건 아닐까. 국민학교, 중학교, 고등학교, 대학교 과정과 똑같다. 다만 우리에겐 검정고시가 있어 학교생활을 건너뛸 수 있을 뿐이다. 오직 성실하게 매 과정을 거쳐야만 좋은 성과를 낼 수 있다. 기름진 뽕잎으로 든든하게 배를 채우고 충분히 잠을 자야 옥구슬 같은 누에고치를 지을 수 있다.

이제 나도 마지막 허물을 벗고 누에고치를 지으러 갈 때가 되었다. 하지만 제때 뽕잎을 충분하게 먹어두지 않았으니 자신이 없다. 두렵기만 하다. 잘 자란 누에의 입에 선 1,500m의 명주실이 나온다는데. 확고한 신념도 없고 한 분야의 경지에도 이르지 못한 나의 입에선 과연 몇 m의 실이 나올까. 이제부터 살이 좀 찌는 한이 있더라도 뽕잎을 더 먹어야겠다. 사색의 잠을 네 번이 아니라, 열 번은 자고 나야 무언가 알 것 같다.

특등급 누에고치를 지으려면….

이사 가는 나무

며칠 전 '향수'의 시인 정지용이 태어난 옥천에 다녀왔다.

옥천은 예전에 2년간 근무했던 곳이다. 그래서 그런지 찾아가면 언제나 포근하고 고향 같은 느낌이 든다. 금강 줄기가 동네마다 나뭇가지처럼 연결된 곳, 유유히 흐르는 금강물이 있어 한없이 평화로운 마을이다.

그곳에서 아침저녁 만나던 이웃들은 유순하고 한 식구처럼 다정했다. 비가 오거나 눈이 내리는 날이면 어김없이 부침개와 민물매운탕을 끓여 놓고 초청해 주는 이웃들이 많았다. 그중 한 사람을 만나러 갔다. 그 시절 공직자들이 옥천으로 발령이 나면 산골 동네라며 다시 떠나려고만 했다. 하지만 1년 정도 근무하다 보니 이웃들과 새록새록 정이 들고 어울려 지내는 재미가 쏠쏠했다. 풍문은 기우였다. 흐르는 물처럼 유유히 순탄하게 살아가는 사람들뿐이었다. 그렇게 인심이 넉넉했다.

옥천군 이원면에는 전국 묘목 유통량의 70%가 거래되는 큰 묘

목 시장이 있다. 만물이 소생하는 3월. 싱그러운 봄 내음이 금강 줄기 따라 살며시 강둑으로 밀려오면 이곳에서는 성대한 묘목 축제가 열렸다. 전국 각지에서 유실수를 사러 오는 사람. 정원에 심을 나무를 사러 오는 사람들로 인산인해를 이루었다. 가격 흥정을 마친 사람들은 잘생긴 묘목을 골라 차에 싣는다. 풍성한 수확을 기대하며, 예쁜 꽃 모양을 기대하며, 옥천을 떠나는 이들의 발걸음이 소박한 희망으로 무지개처럼 피어오른다.

  차창 밖으로 보이는 감나무에 주렁주렁 달린 감들이 누렇게 익어가고 있다. 나뭇가지 늘어지도록 총총 달린 왕 대추도 달콤한 초콜릿을 입술에 바른 듯 요염하다. 남몰래 한 개 따서 먹고 싶어진다. 여건이 된다면 마당이 넓은 단독주택에서 과일나무 서너 그루 심어놓고 살고 싶은 생각이 간절하다. 노란 호박꽃 위로 쉬엄 쉬엄 넘어가는 해를 바라다보고. 잘 익은 감이나 대추 한 소쿠리 따서 이웃과 나누고 싶다. 예전에 옥천에서 이웃과 정답게 오순도순 살던 생각을 하니 입가에 살며시 웃음이 일었다.

이때 하천 건너 밭에서 포클레인 소리가 났다. 가까이 가보니 나무를 뽑고 있었다. 아, 지금은 나무 캐는 시기가 아닌데? 벌써 여러 그루의 나무가 뽑혀 있다. 객지로 이사 갈 나무들을 보니 긴 뿌리가 모두 잘렸다. 깁스한 듯 마대 천에 묶여있는 나무들의 앙상한 몰골이 한없이 처량해 보였다. 마치 수술실에서 갓 나온 환자처럼 싱싱하던 잎마저 시들고 축 처져 있었다. 그리고 트럭에 실려 어디론가 떠나갔다.

문득 4년 전, 정년퇴직으로 직장 문을 나설 때 나의 모습이 떠올랐다. 아무 준비도 없이 하루아침에 허허벌판에 쓰러지는 한 그루 나무였다. 그간 든든하게 이어져 온 탯줄 같은 뿌리가 끊어져 나갔다. 단단한 흙이 되어 주었던 사무실도, 찬란한 햇빛 같던 책상과 의자도 없어졌다. 물관과 체관 같던 직통 전화마저 한순간에 빼앗겼다. 정신을 차리고 일어나려 하자 머릿속은 빙빙 돌고 12월의 찬바람은 바짓가랑이 속으로 회오리처럼 마구 솟구쳐 올라왔다. 이제 정든 곳을 떠나야 한다고 생각하니 가슴까지 시렸다.

다음날부터 아침만 먹으면 출근하듯 집에서 나왔다. 할 일이 없어 시내의 문화유적지를 돌아보았다. 시간은 아주 잘 지나갔다.

아침이면 거울 앞에서 출근 준비하는 나를 발견하고 헛웃음도 나왔다. 빈둥빈둥 놀다 보니 두 달의 시간이 금방 지나갔다. 아침 밥상에서 아내가 한마디 한다 "그렇게 놀기만 할 거예요?" 그 말이 팔뚝에 놓는 예방주사처럼 따끔했다. 아무 대책도 없으면서 나는 거짓말을 했다. "다 계획이 있어 걱정하지 마." 했지만 사무직으로 퇴직했으니 실은 갈 곳도 없었다.

'그래 새 출발해 보자.' 철학자 김형석 교수는 『백 년을 살아 보니』란 저서에서 내가 살아 보니 인간의 황금기는 60세에서 75세까지였다. 60세 이전에는 일하는데 미숙함이 있었지만, 60세가 넘으니 철도 좀 들고 75세까지는 일을 제대로 할 수 있더라고 말하지 않았나. 고용센터로 달려갔다. 취업하기 좋은 기술을 배우고 싶다 하니 에너지관리 기술을 배워 보라고 추천해 주었다.

큰 나무를 이식하려면 적어도 일 년 전에 뿌리 밑을 도려내어 적응 기간을 주어야 한다. 그래야만 몸살 없이 잘 살아난다. 나도 퇴직하기 전 최소한 일 년 전에 취업 준비를 해야 했다. 아무 준비도 없이 하루아침에 뿌리까지 뽑혔으니 시든 나무처럼 춥고 배고플 수밖에…. 이제라도 저 나무처럼 빨리 정리하고 새 뿌리를 내리자. '100세 시대, 남은 인생 40년을 어떻게 살 거야.' 내가 쓰던 방부터 이사 가는 나무처럼 단출하게 치웠다. '정착하려면 당분간은 좀 힘들고 낯설겠지' 그러나 팔다리 잘린 나무보다야 나을 거란 생각이 들었다. 사무실에서 매일 공짜로 먹던 커피와 잉크 냄새 진하던 신문에게 고마웠다는 인사를 해야겠다.

수학여행

국민학교 6학년 때다.

꿈에 그리던 수학여행을 가게 되었다. 어머니는 삶은 달걀과 용돈 이백 원을 조그만 가방 깊숙이 넣어 주셨다. 이른 저녁을 먹고 흙먼지 날리는 신작로를 걸어 8km 떨어진 학교로 갔다. 다음 날 새벽 수학여행을 떠나기 때문에 학교에서 멀리 떨어져 사는 아이들은 학교 근처에서 잠을 자야 했다.

선생님은 교문 앞에서 먼저 온 아이들과 우리를 기다리고 계셨다. 십여 명의 아이들은 선생님을 따라 시장 변두리에 있던 선생님 전셋집으로 갔다. 우리가 몰려가자 사모님이 반갑게 맞아 주셨다. 처음 본 사모님은 시골에서 평생 농사만 짓고 살아온 우리 엄마보다 얼굴도 예쁘고 훨씬 젊으셨다. 좁은 방에 십여 명의 아이들이 들어서니 금세 콩나물시루가 되었다. 사모님은 언제 시장에 다녀왔는지 과자와 과일을 한 바구니 내주며 많이 먹으라고 하셨다. 그 시절 과자와 과일은 명절에나 맛볼 수 있는 귀한 음식이었다. 우리는 염치도 없이 큰 누에가 뽕잎 먹듯 순식간에 다 먹어 치웠다.

한참 신이나 떠들다 보니 어느덧 밤이 깊었나 보다. 선생님이 내일 새벽 일찍 일어나야 한다고 해 할 수 없이 잠자리에 들었다. 남자아이들은 선생님과 윗방에서 여자아이들은 사모님과 안방에서 잤다. 처음 가는 수학여행이라 마음은 설레고 잠이 오지 않았다. 이불속에서 친구들과 소곤소곤 떠들다 나도 모르게 살며시 잠이 들었다.

한숨 잔 것 같은데 깨어보니 사모님은 벌써 아침 준비를 하고 계셨다. 선생님은 연탄불 위에 올려놓은 양동이에서 더운물을 떠다 주며 세수하라고 하셨다. 학교에서 늘 무섭기만 하던 선생님이 그렇게 인자하실 줄이야…. 둥글게 모여 앉아 사모님이 퍼 주는 따끈한 쌀밥을 배부르게 먹었다.

 아침밥을 든든하게 먹고 사모님의 배웅을 받으며 학교로 갔다. 푸름이 짙게 드리워진 미루나무 사이로 상큼한 새벽공기가 가슴 속으로 밀려들었다. 학교 근처에 사는 친구들이 벌써 나와 얼굴 가득 웃음꽃을 피우며 재잘거리고 있었다. 잠시 후 우리를 태우고 갈 전세버스 두 대가 학교 운동장에 도착했다. 반별로 인원 점검을 마치고 교장 선생님의 환송 연설을 들은 후 차에 올랐다. 몇 명은 버스 좌석이 부족해 교실에서 가져온 나무 의자에 앉아야만 했다. 버스가 하얀 흙먼지를 날리며 신작로를 신나게 달렸다. 누런 벼 이삭과 활짝 핀 코스모스가 우리들의 수학여행을 축하해 주듯 손을 흔들어 주었다. 가로수 사이사이로 보이는 푸른 하늘이 내 마음속으로 들어와 가슴이 부풀어 올랐다.

 한 달 전, 선생님께서는 국민학교 생활의 기념이 될 수학여행을 서울로 간다고 말씀하셨다. 다 같이 갈 수 있도록 부모님께 말씀드리고 육백 원씩 가져오라고 당부하셨다. 그러나 어려운 가정 형편 때문에 선뜻 수학여행을 간다는 학생은 별로 없었다. 그 후 선생님께서는 시간 날 때마다 수학여행 갈 사람을 파악했지만 열 명도 채 되지 않았다. 예상보다 간다는 사람이 적자, 못 가는 사람은 수업이 끝난 후 교실에 남으라 하셨다. 전체 인원 65명 중 55명이나 남았다. 선생님 앞에 한 명씩 차례차례 불려 나갔다. 드드디어 내 차례, "누가 반대해서 못 가냐?" 물어보기에 할아버지 때문이라고 했다. 몇 년 전 고모도 수학여행을 가지 않았기에 나도 못 간다고 말씀드렸다. 당시에 나는 막내 고모와 국민학교를 같이 다니고 있었다.

선생님과의 상담을 마치고 힘없이 집으로 왔다. 수학여행에 대해 다시 얘기해 봤자 할아버지한테 혼만 날 것 같아 숙제만 하고 일찍 잤다. 다음날 선생님은 버스 두 대를 예약했는데 아직 반도 안 찼다며 아침부터 걱정하셨다. "오늘은 한 시간 일찍 수업을 마칠 테니 집에 가서 부모님 일손도 도와드리고, 어깨도 주물러 드려봐라." 그리고 저녁 먹을 때 꼭 수학여행 가고 싶다고 애원해 보라고 힌트까지 주셨다. 쪽빛 하늘이 높기만 하던 가을날, 선생님의 애타는 심정도 모르는 채 우리는 한 시간 일찍 집에 간다는 것이 마냥 좋았다.

집에 와서 선생님이 하라는 대로 해 봤지만 부모님은 아무 말씀도 없으셨다. 선생님께 뭐라 변명해야 할지 걱정되어 잠도 오지 않았다. 다음날 종례 시간, 선생님의 물음에 나는 망설임 없이 못 간다고 대답했다. 수학여행을 가고 싶은 마음이야 굴뚝같았지만 친구들 과반수가 못 간다고 했으니 창피하거나 기가 죽을 일은 아니었다.

며칠 후 교실에 남아 청소를 하고 있는데 선생님이 내게 오셨다.

내 어깨에 손을 얹더니, "수학 여행비를 선생님이 내줄 테니 일단 같이 가는 것으로 하자. 돈은 추수가 끝나고 천천히 가져와도 된다."라고 하셨다. 생각지도 못한 선생님의 말씀에 나는 눈만 깜박깜박하며 한동안 멍하니 서 있었다.

저녁을 먹고 마루에서 해콩을 까고 계신 어머니께 선생님의 말씀을 전해드렸다. 어머니는 "쥐구멍에도 볕 들 날이 있다더니, 그런 방법이 있구나. 선생님 월급도 얼마 안 될 텐데 미안해서 어쩐다냐?" 하고 말끝을 흐리셨다.

그날 밤은 하늘에 떠 있던 보름달이 우리 집 안마당을 더 환하게 비추어 주는 것만 같았다. 이렇게 해서 어렵사리 수학여행을 가게 되었다.

전세버스가 넓은 합덕 들판을 지나 신례원역에 도착했다. 난생처음 서울행 완행열차를 탔다. 차창 밖으로 펼쳐지는 가을 풍경을 바라보며 집에서 가져온 간식을 친구들과 함께 사이좋게 나누어 먹었다. 간식이래야 고작 찐 달걀이나 삶은 밤이 전부였다. 열차가 세 시간쯤 걸려 서울역에 도착했고 우리는 역 근처에 있는 여관에 머물게 되었다.

이튿날 사자의 눈이 무섭기만 한 창경궁, 조그만 다람쥐가 숲속에서 춤추고 있던 청와대, 담배제조창, 신문사 등을 구경했다. 가는 곳마다 모두 신기하고 꿈속을 날아다니는 기분이었다. 저녁때 여관 앞에서 뽑기 장수를 구경하며 동생들에게 줄 선물을 사려고 주머니를 뒤져 보니 가지고 온 돈이 없었다. 어머니가 산 넘어 이장 댁까지 달려가 꾸어다 준 돈인데….

 여관으로 돌아와 가방을 다 뒤져봐도 돈은 나오지 않았다. 저녁밥도 못 먹고 혼자 엉엉 울었다. 그때 담임 선생님이 달려오셨다. 내 이야기를 다 들은 선생님은 우리 반 아이들을 모아 놓고, "너희들 모두 눈 감아. 득주 돈 가져간 사람은 조용히 손 들어. 그럼 용서해 준다."라고 말씀하셨다.

 쥐 죽은 듯 조용한 침묵의 시간이 흘렀지만 손드는 사람은 없었다. 화가 잔뜩 난 선생님은 벌칙으로 그날 밤 우리 반 모두의 외출을 금지했다. 다음날 새벽, 선생님이 나를 복도로 조용히 불렀다. 손에 이백 원을 쥐여 주면서 "어제 일은 다 잊어버려라. 그리고 먹고 싶은 거 있음 사 먹고 동생 줄 선물도 사거라." 하셨다. 그러잖아도 선생님의 배려로 어렵게 수학여행을 왔는데 또 걱정을 끼쳐드려 민망하기 그지없었다.

 수학여행을 다녀와서 곰곰 생각해 보니 돈은 친구들이 가져간 게 아니라, 여관 앞에서 뽑기 장수를 구경할 때 소매치기를 당한 것 같았다.

 너도나도 가정 형편이 어려웠던 60년대. 박봉에도 불구하고 제자를 위해 수학 여행비와 용돈까지 챙겨 주셨던 선생님의 깊은 사랑을 이제야 알 것 같다.

　이제 수학여행을 다녀온 지도 어느덧 55년의 세월이 흘렀다. 지난해 담임 선생님을 찾아뵙고 수학여행 이야기를 꺼냈더니, "난 기억이 잘 나지 않는구나." 하셨다. 나에게는 참으로 고맙고 잊을 수 없는 선생님이다. 그 시절 이백 원이면 정말 큰돈이었다.

　어렸을 때 담임 선생님께서 베풀어주신 사랑을 지금도 가슴 깊이 간직하고 있다.

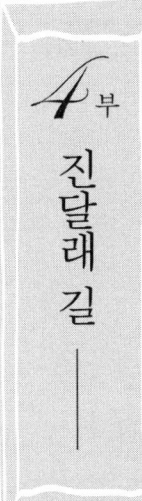

4부
진달래 길

세월의 나이테

 이웃 동네 국민학교 앞을 지났다. 다른 날과 다르게 운동장에 사람들이 많았다. 확성기에서 흘러나오는 선생님들의 카랑카랑한 목소리에 플라타너스 잎새도 귀를 쫑긋하고 있다. 간간이 학부모들의 응원 소리가 들렸다. 가던 길을 되돌려 교문 안으로 들어가 봤다. 가을 운동회를 하고 있었다.
 하지만 예전처럼 연세 많으신 어르신들은 보이지 않았다. 좌판을 벌여 놓고 장난감과 먹거리를 팔던 상인들도 없었다. 청바지 차림의 젊은 엄마와 아빠들뿐이다. 학생과 학부모만 모인 운동회라 그런지 옛날 기분이 나지 않았다. 세월은 국민학교 운동회도 바꾸어 놓았다.
 벼 이삭이 노릇노릇 익어가고 콩밭에서 말잠자리가 춤을 추기 시작하면 9월 중순이다. 이때, 어느 곳보다 들썩거리는 곳이 있었으니 바로 전국의 국민학교다. 전국체전보다 더 재미있었고 가슴 설레던 가을 운동회. 과외와 학원이 없던 시절에 뙤약볕에서 한 시간씩 훈련을 받다 보면 피곤하고 배도 고팠지만 그래도 즐거운 시간이었다.

　수확의 계절 10월이 오면 농촌의 하루는 눈코 뜰 새 없이 바빠진다. 하지만 이날만은 부모님들이 가을걷이를 멈추고 모두 학교로 나왔다. 그뿐인가 할아버지 할머니들도 함께 오셨다. 집에 학생이 없는 어르신들까지도 친구 따라 장에 가듯 달려 나오셨다. 그야말로 면민들이 모두 모이는 큰 잔칫날이었다.

　운동회가 며칠 앞으로 다가오면 어머니는 바빴다. 땡감을 따서 소금물에 우리고, 새벽마다 밤나무 밑에서 숨바꼭질하는 알밤을 주었다. 황토밭에서 한참 살쪄 가는 고구마도 한 바가지 캐오고 논둑에서 무럭무럭 자라던 검정콩도 한 다발 베어왔다. 이렇게 준비한 먹거리에다 햅쌀로 밥을 지어오면 최고로 맛난 점심이 되었다.

　기다리던 운동회날. 하늘에는 수백 개의 만국기가 힘차게 펄럭이고 개선문, 용진문이 설치되었다. 달리기 라인에 백회 가루가 뿌려지면 기운찬 행진곡이 운동장을 한 바퀴 돌았다. 교문 입구에는 귀신같이 알고 찾아온 상인들이 일찌감치 자리를 잡고 유혹의 그물을 쳤다.

　교감 선생님의 개회 선언이 끝나면 행진곡에 맞춰 선수 입장을 한다. 국민체조로 몸을 풀고 청군, 백군으로 갈라 앉으면 그때부터 한바탕 격돌이 벌어진다. 매스게임 반주에 흥이 난 만국기들도 청명한 가을하늘 위로 날아갈 듯 펄럭였다. 검정 광목 반바지에 흰색 러닝셔츠를 입은 학생들의 "청군 이겨라. 백군 이겨라." 함성으로 운동장은 온종일 떠나갈 듯 시끄러웠다.

긴 장대에 매달린 함지박을 터트리면 어느새 점심시간이다. 오전 내내 응원과 행사 참여로 지칠 대로 지친 우리는 이산가족 만나듯 어머니를 찾았다. 플라타너스 그늘에 자리를 정하고 어머니가 가져온 보따리를 푼다. 오순도순 모여앉아 정성껏 준비해온 점심을 먹었다. 집안 사정으로 부모님이 못 나온 친구가 있으면 불러내어 같이 먹기도 했다. 60년대에는 지금보다 모두 어렵게 살았지만 이웃과 정을 나누는 인심만큼은 풍족한 세월이었다.

이때쯤 장작불 무쇠솥에 끓이는 구수한 순댓국 냄새가 코끝에 스쳤다. 아이들보다 신명 난 어른들은 하나둘 막걸릿집으로 모여들었다. 걸쭉한 막걸리가 몇 순배 돌아가면 어른들의 행복한 웃음소리는 종일 가을 하늘을 타고 놀았다.

오후가 되면 여학생들이 한복을 곱게 입고 부채춤을 추었다. 저학년의 공굴리기, 장애물 경기가 끝나면 고학년의 곤봉체조, 이인삼각 경기, 엿 따먹기, 꼭두각시 춤, 차전놀이, 줄다리기가 이어진다. 해마다 등장하는 단골 메뉴였지만 언제나 흥겹고 신나는 놀이었다. 특히나 한 달 이상 맹연습을 했던 텀블링 체조는 학부모들의 감탄을 자아내기 충분했다. 그런 세월이 다시 왔으면 얼마나 좋을까.

가을 운동회의 하이라이트는 마을 대항 400m 계주였다. 마지막 주자가 결승 테이프를 끊고 결승선에 들어오면 운동장은 환희와 아쉬움의 도가니로 돌변했다. 1등을 한 선수가 상품으로 받은 솥단지를 들고 운동장을 한 바퀴 돈다. 그 뒤를 마을 농악대가 따라가며 신명 나게 한판을 벌였다. 이 시간이 되면 승자도 패자도 없고 오직 하나가 되는 마을 축제가 된다.

그때가 엊그제 같은데 어느덧 55년의 세월이 흘렀다. 지금도 어린 시절 운동장에 울려 퍼지던 딱총 소리와 화약 냄새가 새록새록 생각난다. 지나간 세월, 우리는 모두 가난 속에 어렵게 살았다. 하지만 이웃 간에 적은 음식이라도 나누어 먹었고, 힘든 일이 생기면 품앗이로 도와가며 살았다. 언제나 이웃과 희로애락을 함께하던 끈끈한 정이 있었다. 하지만 지금은 어떤가. 세상이 바뀌었다지만 마을에는 어른이, 학교에는 선생님들의 설 자리가 자꾸만 줄어드는 것 같아 안타깝다. 아파트, 핵가족, 휴대전화가 한몫했다고 본다. 그러나 세월의 나이테가 많아질수록 어른을 존중하고 선생님을 존경하던 지난 세월의 아름답던 풍습만은 변하지 말았으면 좋겠다. 오늘따라 할아버지, 할머니가 안 계신 학교 운동장이 한없이 작아 보인다.

잠자는 자전거

　토요일 아침, 어느 때보다도 청량한 햇살에 창문을 열었다. 이른 봄이 찾아와 아침 공기는 상쾌하고 찬란한 빛을 내뿜는다. 향긋한 풀 내음까지 코끝에 스며든다. 집안에만 머무를 수 없는 산뜻한 봄 처녀의 유혹이다.
　자전거를 타고 나왔다. 대전의 자랑 갑천이다. 맑은 시냇물과 청량한 바람 소리, 새 소리까지 들으며 자전거 도로를 달리면 어느덧 마음은 훨훨 창공 속을 나는 듯하다. 지나가는 자전거 동호인들도 같은 기분인가. 흥겨운 음악 소리가 자전거 바퀴를 따라 빙글빙글 돈다.
　대전 시내에는 세 개의 하천이 있다. 갑천, 대전천, 유등천이다. 아마 전국 도시 중 국가 하천이 세 개나 있는 곳은 대전이 유일하지 싶다. 하천을 따라 시내에서 한 시간 정도만 달리면 대청댐도 나오고, 만인산 휴양림도 나오고, 안영동 뿌리 공원까지 갈 수가 있다.

자전거 타기는 좋은 점이 많다. 버스처럼 정류장에 가서 십여 분씩 기다릴 필요도 없고 요금도 무료이니 많이 타면 탈수록 이익이다. 교통비를 하루 이천오백 원씩만 계산해도 한 달이면 칠만 오천 원, 일 년이면 구십만 원. 결코 적은 돈이 아니다. 이렇게 짭짤한 수입을 누가 알까 무섭다. 돈도 벌고 건강도 챙기고, 이런 게 '가재 잡고 도랑 친다'라는 이치가 아니던가.

건강을 위해 자전거를 이용하는 사람들이 부쩍 늘어나고 있다. 기름 한 방울 나오지 않는 나라에서 반가운 일이다. 자전거는 값도 싸고 유지비도 거의 들지 않는다. 자동차처럼 매연을 내 뿜어 대기를 오염시키지도 않는다. 애써 운동하려고 시간을 내지 않아도 된다. 출근길과 시장가는 길에만 타고 다녀도 기본운동은 된다. 자전거로 출퇴근해 보았다. 버스보다 시간은 조금 더 걸리지만 큰 차이는 없었다. 가로수가 내어주는 나뭇잎 부채를 벗 삼아 그늘 밑을 달리다 보면 기분마저 상큼해진다.

자전거를 처음 배운 것은 고등학교 다닐 때다. 헌 자전거를 구해 온 아버지는 자전거 수리점을 드나들며 말끔하게 고쳐 오셨다. 헌 자전거였지만 처음 보는 물건인지라 신기하고 호기심도 생겼다. 아버지를 졸라 마당에서 몇 번 연습하고는 겁도 없이 신작로로 내달렸다. 흙먼지 풀풀 나는 자갈길에서 자전거 뒤를 잡으며 따라오던 아버지는 식은땀을 줄줄 흘려야만 했다. 키가 작아 잘 타지 못하는 나에게 아버지는 중심을 잡고 힘차게 페달을 밟으라고 가르쳐 주었다. 며칠 후 비로소 핸들이 가벼워 보이기 시작했고 찰그랑 페달을 밟으며 앞으로 반듯하게 달릴 수가 있었다.

아버지는 새 자전거를 한 번도 사지 않으셨다. 그렇게 검소하게 사셨다. 동네에 버려진 자전거가 있으면 주워 와 수리해서 타셨다. 녹이 슬어 예쁘지도 않았고 체인이 닳아 달그락거렸다. 그래도 아버지는 헌 자전거를 타고 장터로, 방앗간으로, 이발소로 승용차 부럽지 않게 타고 다니셨다.

헌 자전거를 주워다 수리해 타실 정도였으니 손재주는 남달랐다. 볏짚으로 만드는 멍석, 삼태기, 가마니 짜기는 기본이었고 나무로 만드는 지게와 쟁기도 하루 이틀이면 뚝딱 만드셨다. 수수 빗자루를 넉넉하게 만들어 집에 오는 친척들에게 나누어 주기도 했다. 그만큼 아버지는 눈썰미가 있었고 손재주가 좋아 마을 사람들에게 부러움의 대상이었다.

하지만 자식에게는 무뚝뚝하고 눈에 보이는 잔정은 없으셨다. 그래도 한겨울 소리 없이 소복하게 눈 내리는 아침이면 언제 나갔다 오셨는지 마을 어귀까지 동네 길을 다 쓸어 놓았다. 중학교 일 학년 때다. 학교에 다녀오니 책상에 옥편이 놓여 있었다. 어머니한테 여쭤보니 아버지가 사다 놓으셨단다. 그걸 보면 정말로 자식에게 관심이 없었던 것은 아니지 싶다.

아버지 제삿날이라 고향 집을 찾았다. 비어있던 고향 집을 돌아보니 창고 안에 헌 자전거가 보였다. 아버지가 타시던 자전거다. 안장과 핸들에 세월의 먼지가 수북이 쌓여 있다. 바람 빠진 바퀴는 마른걸레처럼 바짝 쪼그라들었다. 우산 대 같은 거미줄만이 창문을 응시한다. 아버지가 한 번이라도 다녀가셨으면 체인에 기름칠도 해놓고 안장도 닦아 놓았을 텐데. 코로나 사태로 나오시지 못했나 보다. 쓸쓸히 누워 있는 헌 자전거도 아버지의 땀내 나던 체취를 그리워하고 있는 것만 같다. 헛바퀴라도 한번 돌려 보려고 했지만 거미의 보금자리를 빼앗는 것 같아 그만두고 나왔다.

오랫동안 햇빛도 없는 창고에서 뽀얀 먼지와 하얀 거미줄에 포위된 헌 자전거를 보니 치매로 2년 동안이나 요양원에 계셨던 아버지의 모습이 떠올랐다. 침대 가장자리에 손이 묶여있고 거미줄 같은 링거액 호스를 달고 온종일 누워 계셨다. 지금 창고에 누워 있는 헌 자전거처럼 바깥세상에 한 발짝도 나갈 수 없는 신세였다.

자전거를 배울 때 "넘어지지 않으려면 한눈팔지 말고 중심을 잘 잡아야 해." 하시던 그 말씀이 직장생활 하면서 세상살이 잘 헤쳐나가려면 성실하고 근면하게 정도를 걸으라는 말씀으로 들렸다. 언제나 중심을 잡고 바르게 산다는 것이 그리 쉬운 일은 아니었다. 젊은 날 힘겨운 직장생활에서 비틀거리며 쓰러지려 할 때, 그 중심 잡기의 말씀은 아련한 국민학교 시절의 교훈처럼 늘 내 마음속 교실에 걸려 있었다.

호미

　호미를 수출한다고 한다. 시골집 마루 밑에서 이리저리 굴러다니던 것이 호미 아닌가? 그 흔하고 보잘것없는 호미가 지금 미국의 아마존에서 인기리에 판매되고 있다.
　어느 미국인이 한국 여행 중 호미를 구매해 갔다. 자기 집 정원에서 사용해 보고는 신기한 물건이라며 유튜브에 자랑했다. 이걸 보고 대박이 난 것이다.
　미국 사람들은 그동안 정원에서 앙증맞게 생긴 모종삽이나 괭이로 꽃을 가꾸었다. 그들에게 호미와 같이 끝이 뾰족하고 구부러진 농기구는 없었다. 하지만 호미 하나면 땅을 깊게 팔 수도 있고, 잡초를 뽑을 수도 있고, 파낸 흙을 평평하게 정리할 수도 있다. 호미의 이런 편리한 작업 모습을 보고 호감을 느낀 것이다. 모종삽은 땅을 찔러서 흙을 파낸다. 그러나 호미는 앞으로 끌어당기며 흙을 파기에 힘도 덜 들고 능률적이란 걸 깨달은 것 같다.

나의 어릴 적 봄은 보리밭에서부터 왔다. 학교에 다녀오면 책보는 마루에 집어 던지고 보리밭 매는 어머니한테 달려갔다. 어머니의 봄도 보리밭에서 크고 있었다. 새파란 보리 사이 불청객으로 끼어든 둑새풀이 보리보다 더 크고 왕성하게 자랐다. 그놈이 얼마나 깊게 뿌리를 내렸던지 호미로 그것을 뽑으면 보리까지 딸려 나오기 일쑤였다. 하지만 어머니의 날랜 손놀림엔 둑새풀만 쏙쏙 뽑혀 올라왔다. 밭고랑 사이 수북이 쌓아 놓은 둑새풀을 세숫대야에 담아 논에 버리는 것이 내 일이었다. 제초제가 없던 시절, 그 넓은 보리밭 잡초를 조그만 호미는 힘든 줄도 모르고 다 해결해 주었다.

호미는 여자들만 사용하는 농기구가 아니다. 남자들도 논을 맬 때면 호미를 사용했다. 그뿐인가, 고추밭이나 콩밭을 매거나 감자와 고구마 등을 캘 때도 호미가 필요했다. 이렇듯 호미는 농촌에 없어서는 안 될 중요한 농기구였다. 대부분 호미는 시골 대장간에서 만들어졌다. 봄이 오면 아버지는 제일 먼저 대장간으로 달려갔다. 날이 뾰족한 새 호미를 사 오기 위해서다.

대장간 화덕 안에는 벌겋게 달아오르는 불이 있다. 그 속에 넣은 쇳조각은 풀무질로 노란빛을 띠며 붉게 달궈진다. 대장장이의 근육질 팔뚝이 움직일 때마다 화덕에 있는 불꽃도 화력을 더해간다. 그때마다 붉게 달궈진 쇳조각은 화덕과 모루 사이를 오갔다. 망치로 두들기고 물에 몇 번 담갔다 나오면 강한 쇠로 변한다. 그렇게 강해진 쇠로 삼각 모양의 호미 날이 만들어진다. 연속작업으로 손잡이로 들어갈 꼬챙이도 만든다. 이 꼬챙이를 불에 달구어 나무 자루에 꽂으면 하얀 연기와 함께 나무 타는 냄새를 풍기며 한 자루의 호미가 탄생했다.

시골집에 가니 마루 밑 어두운 곳에 호미가 보였다. 녹슨 호미가 애처롭다. 다 닳아버린 날과 구부러진 모양이 마치 구순의 어머니를 보는 것 같다. 밭에서 일을 얼마나 많이 하였는지 뾰족했던 호미 날도 이제 다 닳아 뭉뚝해졌다. 춥고 배고팠던 시절, 우리 칠 남매의 배를 채워주기 위해 어머니와 함께 밭에서 일만 해 온 호미다. 어머니는 밭일을 끝나고 세수할 때면 종일 동행한 호미도 우리 얼굴처럼 깨끗하게 닦아주었다. 그렇게 애지중지하던 호미다. 오랜 세월 칠 남매를 기르며 밭고랑에 흘린 땀과 눈물은 얼마나 될까? 그 많은 땀과 눈물에 잡고 있던 호밋자루도 마를 날이 없었겠지. 그 시절 어머니의 애달픈 심정을 달래주던 것은 이름 모를 산새와 호미뿐이었다.

가난한 농촌 장남에게 시집와 칠 남매를 키우신 어머니의 삶은 끝없는 아픔과 시련의 연속이었다. 대장간에서 육중한 망치로 정신없이 두들겨 맞고 만들어지는 호미와도 같았다. 해만 뜨면 호미를 들고 들녘을 누비셨던 어머니는 손톱과 발톱도 닳아 뭉뚝한 호미 날처럼 되었다. 평생 칠 남매만 바라보고 추운 눈보라를 견디며 살아오신 어머니. 허리 디스크로 복대를 차고도 호미를 잡으셨던 어머니. 그 강한 힘은 어디서 생겨났을까?

평생 가족을 위해 호미 들고 밭으로 나가시던 어머니의 모습이 보인다. 곱디고운 손가락에 반짝이는 금반지 한번 못 끼워주고, 차갑고 거친 호밋자루만 잡고 구순을 사셨다. 이제 마루 밑에 있는 호미도 힘들었던 일들을 잊고, 어머니 손에서 떠난 지 오래다. 하지만 어머니 손때가 묻은 호미는, 어머니의 애달픈 사연과 우리 칠 남매의 성장 과정을 자신이 더 잘 알고 있다고 말하는 것 같다.

가시 많은 준치

5월 중순 공주를 찾았다. 농촌으로 접어드니 차창 밖으로 밀려오는 들판에 트랙터가 분주하다. 신호등이 없는 논이라 일단정지 같은 건 없다. 제멋대로 유턴할 때마다 흙먼지가 폴폴 올라온다.

이제 얼마 안 있으면 모내기 철이 된다. 예나 지금이나 5월은 농촌에서 가장 바쁜 계절이다. 어른 아이 할 것 없이 논밭에서 살아야만 한다.

지금이야 트랙터가 논갈이부터 써레질까지 논스톱으로 해결해 준다. 웬만한 작업은 한두 시간이면 끝이 난다. 하지만 예전엔 며칠씩 걸렸다. 일단 소를 데려와야 한다. 부잣집 눈치를 봐가며 비어 있는 날짜를 받아야 하고, 새벽부터 소죽을 쑤어 놓아야 논갈이를 할 수 있었다.

아버지는 소의 입맛을 맞추려고 귀한 콩까지 넣고 소죽을 쑤었다. 일하러 온 소가 잘 먹지 않으면 그날 작업은 헛일이 되기 때문이다.

모내기 때가 되면 무너진 논둑을 가래로 파내고 젖은 흙을 발라 매끈하게 만져 놓아야 한다. 그래야 논물이 새지 않는다. 논에 물을 채우고 1차 논갈이를 한 후 보름쯤 지나 2차 논갈이한다. 논흙이 물렁거리면 써레 작업에 들어간다. 그리고 삼일 정도 지나 흙탕물이 맑게 가라앉는다. 모내기에 적당한 논바닥이 된다.

이때쯤이면 동네 어귀에 남모르는 아주머니들이 등장한다. 머리에 똬리를 얹고 커다란 양푼을 이고 다녔다. 그분들 옆을 지나려면 생선 냄새가 진동했다. 양푼 속에 얌전히 들어 있던 생선이 '준치'다. 아주머니들은 논이 많은 시골 부잣집부터 집중적으로 공략한다. 한나절이면 가져온 준치를 다 팔고 생선값으로 받은 쌀을 이고 유유히 동네를 떠나갔다.

모내기하는 날, 어머니는 가마솥에 적당히 자른 준치와 마당가에 있던 쑥갓을 넣고 국을 끓였다. 장작불 가마솥에서 솔솔 김이 나기 시작하면 국물 위로 물방울 같은 노란 기름이 둥둥 떴다. 코를 자극하는 구수한 냄새가 시커먼 부엌 천정을 한 바퀴 돌고 장독대까지 퍼져나갔다.

준치는 몸에 가시가 많다. 가시만 없다면 금상첨화일 텐데 말이다. 날카로운 가시가 박혀 있어 방심하고 먹어서는 안 된다. 가시가 등뼈를 가운데 두고 일정한 방향으로 자리를 잡은 게 아니라 눕기도 하고 서기도 했다. 하지만 입에 들어간 준치 살은 무척

이나 달고 부드러
웠다. 살살 녹는
다는 표현이 맞을
것 같다. 노지 쑥
갓을 듬뿍 넣고

끓인 준치국은 봄기운을 느끼기에 부족함이 없었다. 그래서 '썩어
도 준치'라는 말이 생겼나 보다. 봄에 먹는 생선 중 준치가 가장
맛있다고 어른들은 이구동성으로 말했다.

정약전은 '자산어보玆山魚譜'에서 준치는 '비늘은 크고 가시가 많
으며 등이 푸르다. 맛이 달고 담백하다. 곡우가 지난 뒤에 우이도
에서 잡히기 시작한다.'라고 기술하고 있다.

내 고향 당진 '맷돌포'는 아산만의 입구에 위치해 민물과 바닷
물이 교차하는 너른 갯벌을 형성하고 있다. 오동나무에 보라색
꽃이 활짝 피는 5월이면 고깃배들이 몰려와 시끌벅적했다. 산란
을 위해 서해에서 올라온 준치들이 그물에 걸려 팔딱팔딱 춤을
추었다.

준치와 관련해 재미있는 이야기가 전해 온다. 옛날에 준치가 맛
이 좋고 가시도 없어 사람들이 즐겨 먹자 씨가 마르게 되었다. 이
를 걱정한 용왕은 물고기들에게 '사람들이 준치만 찾으니 너희들
가시를 뽑아 준치에게 주라'고 명령을 내렸다. 용왕의 명령을 받

은 물고기들은 각자 가시를 뽑아 준치에게 꽂았다. 그래서 준치 꽁지에 유난히 가시가 많다고 한다.

60년대 들판에서 모내기 심부름하며 종종 먹었던 준치가 지금은 고향에서도 잡히지 않는다. 왜 잡히지 않는지 알 수가 없다. 오랜 세월이 흘렀어도 자주 먹던 준치국이 지금도 생각나는 걸 보면 맛있는 음식이었다. 준치국을 먹다 보면 가시가 목구멍에 걸린다. 그럼 어른들은 얼른 맨밥을 떠서 먹여 주었다. 그럼 신통방통하게도 가시가 뱃속으로 넘어갔다.

들판 위로 노란 콩고물 같은 송홧가루가 날린다. 품앗이로 모내기를 마치고 햇빛 가득 받아 따끈해진 논둑에 앉아 준치국 한 그릇 먹고 싶다. 먼 논에서 모를 뽑고 있는 당숙도 부르고, 머리에 수건을 두르고 마늘밭을 매는 섭실 할머니도 불러 막걸리 한 잔 드리고 싶다. 따끈한 준치국 한 입 뜨고 '아 맛나다' 하던 어른들 목소리가 금방 들려 올 것만 같다.

연일 농사일로 거칠어진 손발, 거머리에 물리고 논물에 절어 누렇게 떠 있던 어른들의 장딴지가 어렵던 시절 농촌을 지켜 주었다. 점심때가 되면 여기저기서 "어서 나와. 밥 먹고 하세." 하며 큰 소리로 불러주던 어른들은 다 떠나고 이제는 불러도 대답 없는 무정한 트랙터가 외롭게 농촌을 지키고 있다.

아름다운 장미에 가시가 있듯 맛이 으뜸인 준치에 날카로운 가시가 많았다. 가시가 많아 큰 고기한테 잡아먹히지 않고 생존할 수 있었는지 모른다.

36년 공직에 있으며 겉만 번지르르하게 포장하고 안에 가시를 품고 살지는 않았는지, 남에게 친절한 척하며 뒤로는 험담이나 하고 다니지 않았는지 곰곰이 생각해 본다.

우연히 인터넷에 나온 준치 사진을 보고 생선 속에 숨겨진 뾰족한 가시가 생각나 뜨끔 했다. '이제 가시 같은 말은 하지 말아야지' 다짐해 본다.

그나저나 아산만 준치는 다 어디로 갔을까.

통일벼

 가을 들판에 나가본다. 농부가 아침저녁 드나들었던 논엔 아직도 발자국이 선명하게 남아 있다. 여름내 논에 흘린 농부의 땀방울은 알알이 영글어 가는 황금빛 들판의 거름이 되었다. 너른 들판에 모를 내고 뙤약볕을 마다치 않고 김을 맨 농부들의 구릿빛 손길이 노란 벼 이삭에 고스란히 저금 되었다.
 농부는 가을 들판에서 익어가는 벼를 보며 자연의 온기를 느끼고 햇빛과 물의 은혜를 생각한다. 고개를 숙인 벼 이삭을 흐뭇하게 바라보며 평생 밥을 먹게 해준 벼에 무한한 감사를 표한다.
 2005년 원주에 있는 가나안농군학교에 다녀왔다. 정신교육을 받기 위해서다. 당시 이곳은 전국 공무원과 기업체 임직원들이 연중 단골로 다녀가던 곳이다. 입소하면 새벽 다섯 시부터 밤 열 시까지 군대 생활을 방불케 할 정도로 엄격한 교육이 이어졌다.
 그중 식사 규율이 가장 강도 높았다. 일렬로 줄을 서서 먹을 만큼 배식을 받고 자리에 앉으면 '일하기 위해 먹자. 일하기 싫으면 먹지도 말자.'라는 구호를 외쳤다. 그런 후 밥을 먹어야 한다. 식사가 끝난 후 식판에 한 톨의 밥알이라도 남아 있으면 벌을 받았다. 전체 교육생이 보는 앞에서 '정신 개척'이라는 구호를 외치며 쪼그려 뛰기를 해야 했다. 이렇게 한번 당하고 나면 정신이 번쩍 들고 이후로 식판에 음식을 남기지 않게 되었다.

교육생 중 대기업에서 온 젊은 여사원들이 있었다. 보리가 섞여 밥맛이 없었는지 식판에 밥을 남겨 강사한테 적발되었다. 첫날이고 여직원이라 봐줄 줄 알았다. 그런데 어림도 없었다. 예고한 대로 벌칙을 주었다. 당황한 여사원 얼굴이 홍당무가 되었다. 강사는 이 밥알 한 알을 생산하기 위해 농민이 쏟은 땀이 얼마인가 생각해 보라고 했다.

1960년대 국가적 숙원사업이 '식량의 자급자족' 달성이었다. 쌀 소비를 줄이려고 학교에서 도시락을 검사해 보리밥 혼용을 장려했고 쌀밥만 싸 온 아이들은 선생님께 혼이 나야 했다. 그 정도로 쌀 부족 문제가 심각했었다.

1970년대 중반까지 쌀은 특권계층의 전유물이었다. 일반 국민은 쌀밥을 배불리 먹기 어려웠다. 대통령의 특별한 관심과 농정의 최우선 과제로 추진한 결과 1977년에야 쌀 자급을 이룩할 수 있었다.

우리나라 보릿고개를 물리치게 해준 것이 통일벼의 출현이다.

통일벼는 우리나라를 만년 식량부족 국가에서 식량 자급국가로 탈바꿈시켜 주었다. 그런 결과 '기적의 볍씨'라 불렸다. 통일벼는 서울 농대 허문회(1927~2010) 교수가 개발했다. 지금은 잊혀 가지만, 우리에게 허 교수는 독립투사와도 같은 존재였다.

그는 다수확 신품종 개발을 위해 1964년 필리핀 국제미작연구소(IRRI)로 벼 육종 기술을 배우러 갔다. 이후 허 교수는 개발한 볍씨를 가지고 필리핀과 우리나라를 오가며 한 해에 두 번씩 시험재배를 했다. 그 결과 우리나라 풍토에 맞고 기존 벼보다 30% 이상 증산할 수 있는 벼 품종을 개발하는 데 성공한 것이다.

허 교수는 국가의 식량문제를 해결해야 한다는 막중한 사명감에 마음이 급했다. 오직 연구에만 매진했다. 한 농학박사의 집요한 연구가 우리나라 식량문제를 해결한 것이다. 누가 강제로 시킨 것도 아니요. 연구비를 넉넉히 받지도 못했을 것이다. 어려서 농촌에서 자랐고 배고픔을 누구보다 잘 알기에 사명감은 더욱 깊어졌을 거란 생각을 해 본다.

이 볍씨를 정부에서는 통일의 염원을 담아 '통일벼'로 명명했다. 품종을 개발한 다음 해 1972년부터 농가에 보급해 재배하기 시작했다. 처음 보급했을 당시 농민들을 세 번 웃게 했다는 일화가 있다. 다수확의 상징인 왕성한 가지치기로 농민들을 기쁘게 했고, 당시 수확 철이 되면 벼가 논바닥에 쓰러지게 했던 도열병에 강한 내병성耐病性에다 수확량이 너무 많아 가마니가 모자랄 지경이어서 농민들을 웃게 했다는 것이다.

70년대 초 녹색혁명을 가져온 통일벼와 관련된 재미난 일화가 있다. 통일벼에 대한 계통선발이 있었던 후 시험재배가 이뤄졌다. 이듬해 출하한 쌀을 가지고 박정희 전 대통령은 물론 정계 인사들이 시식해 보는 자리가 마련됐다. 이 시식이 있기 전 이미 통일벼의 보급은 결정됐지만 밥맛이 떨어진다는 이유로 대대적인 보급에 회의적인 의견들이 나왔기 때문이다.

시식을 끝낸 후 무기명 평가에 나섰는데 박 전 대통령은 자신의 이름을 적은 검정표를 가장 먼저 제출하면서 "밥맛이 좋다."라고 써내자, 결국 참석한 시식자 누구도 그 자리에서 밥맛에 이의를 제기하지 못했다고 한다.

통일벼는 미질이 좋지 않고 밥맛이 까칠까칠한 단점이 있다. 이런 단점이 거론되자 통일벼란 이름을 붙였던 박정희 당시 대통령은 "배만 부르면 됐으니 맛을 따질 때냐."고 일갈했다는 일화도 있다.

정부는 식량문제 해결이 최우선 과제였기에 통일벼의 개발을 두고 녹색혁명이라 외치며 면 단위로 통일벼 경작 할당량을 주고, 증산왕을 선발하여 거액의 포상금을 주는 등 대대적인 장려책을 폈었다. 농고 졸업 후 정부 사업인 통일벼를 심었다. 10a당 600kg

이상만 나오면 10만 원 상금을 준다고 했다. 동네 몇몇 어른들과 함께 참가하였다. 그때 운이 좋았는지 수량이 많이 나와 상금을 타기도 했다.

　대한민국 경제발전에 크게 이바지하고 우리 국민의 삶의 질 수준을 한층 더 끌어올려 주었던 통일벼. 그 품종을 개발한 허 교수는 진정한 녹색혁명의 선구자였다. 허 교수는 우리나라뿐만 아니라 중국, 네팔에도 벼 육종 기술을 전파하는 데 힘을 쏟았다고 한다.

　주곡 자급은 70년대 경제성장의 밑거름이 되었다. 이후 농촌진흥청은 통일벼를 개량한 신품종을 개발 했으며 80년대에도 계속 풍작을 이뤄 식량 자급의 기반을 확고히 했다. 통일벼의 개발은 보릿고개를 넘어 우리나라 성장의 원동력이 됐다.

　일평생 벼 연구로 우리나라 식량문제를 해결한 육종학자 허문회 박사가 없었다면 지금 우리는 어떻게 되었을까? 국적을 따지지 않고 당시 중국과 네팔에도 벼 품종 개발기술을 전파했다니 그는 하늘이 내린 사람이 아닐지.

　수확의 계절이다. 황금 들판에 총총히 서 있는 벼들이 일제히 고개를 숙이고 있다. 혹시 고인이 된 벼들의 아버지 허문회 교수에게 묵념을 올리고 있는 건 아닐까.

살포

 엊그제가 할아버지 제사였다. 새벽부터 일찍 서둘렀건만 선산에 도착하니 열한 시다. 상석을 닦아내고 준비해간 제수를 꺼내 진열했다. 겨울바람 때문인지, 차가운 화강암 바닥 때문인지, 꺼내놓기가 무섭게 차디찬 음식으로 변했다. '따뜻한 집안에서 예를 갖추지 못하고 솔잎도 떨고 있는 산속에서 제사를 지내 죄송합니다.' 먼저 사죄의 말씀을 올렸다.
 할아버지께 술을 따르고 절을 했다. 이런 낮 제사는 아버지가 생존해 계시던 3년 전까지 어림도 없는 예법이다. 아버지는 평생 유교 격식에 맞게 자시가 넘어야 제사를 지냈다. 그런데 나는 동생들을 참석하기 쉽게 한다는 명분으로 작년부터 낮 제사를 지내고 있다. 아버지가 옆에 계셨으면 말할 것도 없이 이놈하고 작대기로 얻어맞을 일이다.
 혹시나 아버지가 나타나실까 봐 얼른 제사를 마치고 산 아래 고향 집으로 내려왔다. 몇 달 만에 들른 빈집 마당엔 바짝 마른 밤나무 잎사귀들이 주인 대신 바람에 떨고 있었다. 대문을 열고 무너진 곳은 없는지, 수돗물이 새지 않는지 살펴보았다. 다행히 외출로 해놓은 보일러가 정상으로 돌아가 한숨 돌렸다. 집에 왔으니 마당은 쓸어 놓고 가야 할 것 같았다. 빗자루를 찾느라 창고 문을 열어 보았다. 벽에 간격을 맞춰 가지런히 걸어 놓은 농기구 중에 살포*가 보였다. 할아버지가 애지중지하던 물건이다. 창문 틈으로 들어오는 노을빛에 흠뻑 젖어 보이는 살포는 누렇게

녹은 슬었지만, 생전의 할아버지처럼 마른 체구에 둥그런 얼굴을 하고 있었다.

할아버지는 동네 이장을 20년이나 하셨다. 어찌 그리 오래 하게 되었는지 어릴 적 일이라 알 수가 없다. 아마도 마을에 할아버지만 한 식자가 없었지 싶다. 지금

---

* 논의 물꼬를 트거나 막을 때에 쓰는 네모진 삽. 논에 나갈 때 지팡이 대신 짚고 다니기도 했다.

으로 치면 상당 기간 장기 집권한 셈이다. 그렇다고 이장이 인기 좋은 자리도 아니었다.

내가 국민학교 다니던 시절. 해가 올라오기도 전 새벽이면 벌써 마당에 인기척이 들렸다. 할아버지를 만나러 온 마을 사람들이다. 일터에 나가기 전 들린 것이다. 할아버지는 옆에서 자는 나를 깨우고 마을 사람들을 사랑방으로 들어오도록 했다.

밀린 세금을 내 달라는 아저씨, 출생신고를 못 했다며 도장을 놓고 가는 아주머니, 벼 매상 가마를 늘려 달라고 사정하는 할아버지, 식전 내내 사랑방은 북적거렸다.

"그려 오늘 면에 나가서 처리해 줄게. 걱정하지 말고 올라가 일 들이나 해."

동네 사람들 때문에 아침을 늦게 잡숫고 담배 한 대 피우고 있으면 반갑지도 않은 면서기나 지서 주임들이 둔탁한 구둣발 소리를 내며 들이닥쳤다. 그들은 가방에서 공문과 반공 포스터 같은 서류를 방 안 가득 쏟아 놓고 할아버지에게 숙제를 내는 듯했다.

그러다 보면 어느새 점심때가 된다. 손님들은 으레 점심을 먹어야 우리 집을 떠났다. 시골이다 보니 마을에 식당이 있을 리 없고 차가 없어 걸어오거나 자전거를 타고 왔으니 그냥 보낼 수도 없다. 일주일에 이삼일은 그랬지 싶다. 사랑방으로 밥상을 내가는 할머니는 먹을 만한 반찬이 없다며 연신 허리를 구부리셨다.

그 당시는 주민 누구나 제때 세금을 못 낼 때다. 그만큼 어렵게 살았다. 6·25 전쟁이 끝나고 얼마 되지 않은 시기. 60년대 시골엔 워낙 돈이 없을 때가 아닌가. 세금 납부 실적이 저조하면 면에서는 이장들을 독려했다. 아마 마을별로 서열까지 매기며 독촉했지 싶다. 할아버지는 마을 체면을 생각해 방앗간에서 쌀값을 미리 받아 밀린 세금을 대납하셨다. 그리고는 서서히 받으러 다녔지만, 워낙 어렵게 살던 동네 분들한테 끝내 받지도 못하고 떼인 경우도 많았다. 그건 할머니가 은밀하게 알려준 오래전 비밀이다.

34년 전 1월, 집 앞 천수답에는 하얀 쌀가루 같은 가루눈이 소리 없이 쏟아졌다. 가을을 거둬들이고 남은 까까머리 그루터기만이 추위에 떨고 있었다. 그날 새벽 79세의 할아버지도 눈발을 타고 하늘로 올라가셨다.

100호가 넘던 동네 사람들은 어른 아이 할 것 없이 모두 우리 집에 모였다. 마당 한쪽에선 누가 불을 피웠는지 장작 불꽃이 빨랫줄을 끊어 버릴 듯 활활 타올랐다. 할아버지한테 이장 수업을 받던 섭실 당숙은 언제 오셨는지 구정물 돼지를 끌어내 멱을 따고 계셨다. 다른 사람들은 차일을 치고, 장작을 패고, 청년들은 한 움큼씩 부고장을 들고 이웃 마을로 떠났다. 오후가 되니 눈도 녹고 언제 그랬느냐는 듯 등 따스한 햇볕이 차일 위로 쏟아졌다. 할아버지 마음처럼 사흘 내내 포근했다.

장례 동안 동네 사람들은 모두 농사일을 멈추었다. 장례를 도우며 20년 동안 이장을 한 할아버지를 추모했다. 그해 겨울은 유난히 추웠지만, 안방 아랫목에 모신 할아버지 시신은 사흘 동안 마을 사람들의 인정으로 따뜻했다.

창고에 걸린 살포를 보니 오래전에 돌아가신 할아버지가 돌아오신 것만 같다. 풀 먹인 하얀 모시옷에 참죽나무 자루가 유난히 반짝이던 살포를 들고 아침마다 논에 가는 할아버지는 위엄이 있었다. 장군들이 가지고 다니는 지휘봉 같았다. 우리 형제들도 감히 만져보지 못한 귀한 물건이다.

할아버지는 34년 전 돌아가셨다. 아침마다 논에서 물꼬를 트고 낮에는 동네 사람들의 민원 담당관으로 권위가 있었던 할아버지 대신 창고에 걸린 살포가 그동안 우리 집을 지켜 주고 있었다. 벽에 걸린 살포를 보니 노을 진 물꼬에 서 계시던 할아버지와 정담을 나누시던 동네 어른들 얼굴이 흑백영화처럼 지나갔다.

진달래 길

 어머니와 추억 여행을 다녀온 적이 있다. 십여 년 전 진달래가 곱게 피던 날이다. 그때를 그리워하며 당진을 찾는다. 어머니가 어릴 적 소풍하였던 곳, 가까운 친척과 친구가 살았던 동네를 찾아보고 외할머니가 잠들어 계신 산소를 둘러보는 하루 일정이었다.
 팔십여 년 세월이 흘렀건만 가는 곳마다 새록새록 기억이 나는지 온종일 소녀처럼 즐거워하셨다. 여기 오길 참 잘했다며 옛이야기를 끝없이 들려주셨다. 해 질 무렵 외할머니 산소에 가서는 무릎을 꿇고 "엄마 나 마지막으로 왔어." 하며 눈물을 보이셨다.
 변덕 심한 게 봄 날씨라더니 꼭 오늘이 그렇다. 어젯밤까지 쾌청했는데 잔뜩 화가 난 얼굴이다. 찬 바람까지 거세게 불었다. 고속도로를 한 시간쯤 달렸을까. 창밖으로 보이는 들판은 제법 파릇파릇했다. 하얀 도화지에 파란 크레파스를 문질러 놓은 듯 새 생명이 돋아났다. 면천 나들목에서 영탑사로 가는 마을 길로 접어들었다. 기억 속에 남아 있는 건 길가의 조그맣던 벚나무였다. 아

직 꽃봉오리에 봄물이 올라오진 않았지만, 세월의 흐름을 먹고 늠름한 청년이 되어 있었다.

당진의 고찰 '영탑사靈塔寺'에 도착했다. 입구에 들어서니 일주문처럼 서 있는 사백 살 느티나무가 고향 사람임을 알아보고 반가워한다. 크고 작은 전각들이 우거진 송림 속에 한가롭게 자리를 잡은 조그만 사찰이다. 조용한 산사에서 마음의 평온을 느낀다. 절 마당에 있는 목련이 곧 꽃봉오리를 터트릴 듯 만삭의 여인처럼 배가 불렀다.

상왕산 영탑사는 통일신라의 승려 도선 국사가 창건했다. 영탑사에는 국가 보물인 '금동비로자나삼존좌상'이 있다. 부처를 바라보니 살아 있는 사람처럼 지극히 온화해 보인다. 오래된 불상이란 생각이 전혀 들지 않았다. 1975년 도굴꾼에게 도난당해 밀반출되려던 것을 간신히 찾았다고 한다.

영탑사에서 십 분 거리에 있는 '면천 읍성'을 찾았다. 둘레가 1.2km나 되는 조선 초기 성곽이다. 성안이 지금은 한적하지만 조선 시대에는 수령이 업무를 보던 관아가 있었고 많은 주민이 농사를 지으며 고단한 삶을 살았던 곳이다. 안내판을 보니 1439년에 완성되었고 왜구의 약탈에 대한 방어 기능과 행정 중심지 역할을 했다. 일제 강점기 관아가 있던 자리는 면사무소가 들어섰고 객사는 공립학교로 사용되었다. 그뿐만이 아니다. 읍성의 돌도 시설을 보수하거나 인근 저수지 건립에 사용되는 등 주민 못지않게 수난을 당했다.

면천 읍성은 얼마 전까지만 형체를 알아볼 수 없을 정도로 허물어지고 풀숲에 가려져 있었다. 최근 문화재 정비로 성곽과 남문은 원형을 되찾았고 객사 등 관아시설도 속속 복원공사 중이다. 남문 위에 올라 성곽을 따라 걸어 보았다. 오백여 년 전 백성들이 맨손으로 이 거대한 성을 쌓았다고 생각하니 가슴이 저려온다.

옛 면천국민학교 터에는 '고려 개국공신 복지겸'의 딸 영랑이 심었다는 1,100년 된 은행나무가 있다. 국가 천연기념물이다. 이곳 출신 복지겸 장군이 낙향 후 병이 들었다. 온갖 좋다는 약을 다

사용해도 병이 낫지 않았다. 그의 어린 딸 영랑이 아미산에 올라 백일기도를 드렸다. 어느 날 신선이 나타나 아미산에 핀 진달래꽃으로 술을 빚어 백일 후에 마시게 하고 뜰에 두 그루의 은행나무를 심으라 했다. 효심 지극한 딸이 신선이 시키는 대로 하자 아버지 병이 깨끗이 나았다고 한다. 부모를 극진하게 공경한 영랑의 혼이 은행나무에 남아 1,100년 지났어도 면천을 아름다운 마을로 지켜 주는 것 같다.

　1905년 일제 강점기에 지어진 우체국 건물이 지금까지 보존돼 최근 카페로 문을 열었다. 입구에 세워진 우체통부터 건물 내·외관 모두를 그대로 유지하고 있다. 1971년 세워진 두 번째 우체국도 미술관으로 운영되고 있는 과거와 현재가 공존하는 곳이다. 창밖으로 저잣거리 풍경이 평화롭게 펼쳐지고 테라스로 나가면 영랑이 물 뜨러 다녔다는 효 공원이 내려다보인다. 오래된 우체통, 국민학교에서 옮겨온 책걸상 등 곳곳에서 70년대 물건을 보며 지난 추억을 더듬어 볼 수 있었다. 옥상에 오르니 또 다른 면천의 모습이 보였다. 조그만 언덕 위를 차지하고 있는 대숲에서는 참새들이 신나게 재잘대고 있었다. 참새들도 친한 친구가 있는지 가까이 모여 노는 모습이 한없이 정겨웠다.

　점심때가 되어 고향 친구를 찾았다. 맛있는 집을 소개 하라고 하니 저수지 앞 어죽 집을 알려준다. 면천엔 어죽, 콩국수, 추어탕이 유명하다. 모두 수십 년씩 대를 이어온 맛집들이다. 깍두기 반찬과 함께 김이 모락모락 나는 어죽이 나왔다. 국물부터 한입 떠본다. 깻잎과 들깨가 듬뿍 들어가 향긋했다. 어죽에 들어 있는 민물새우 때문인지 국물 맛도 일품이다. 오래간만에 친구를 만나 옛이야기도 나누고 고향 음식도 먹으니 가슴이 뻥 뚫리는 기분이다. 다음엔 추어탕을 먹어 보자며 맛집을 소개해 준다.

면천 읍성에서 남쪽으로 나오면 조선 후기 '실학자 박지원' 선생이 군수로 있을 때 만들었다는 연못 골정지와 건곤일초정乾坤一草亭 정자가 보인다. 이 정자는 당시 향교의 유생들이 찾아와 시를 읊고 학문을 익히는 장소로 쓰였다고 한다. 봄이면 연못을 둘러싼 벚꽃들로, 여름에는 연못 위 연잎들이 장관을 이루는 곳이다. 연못 주변을 따라 향교 앞까지 시골 풍경을 감상하며 걸었다. 이곳에 부임하여 선정을 베풀었다는 박지원 선생이 제자가 찾아온 줄 알고 부를 것 같아 자꾸 뒤를 돌아보았다. 넘어가는 오후 햇살이 어머니 품처럼 따스했다.

요즘 당진을 찾는 여행객이 조금씩 늘어난다고 한다. 여행 이야기가 넉넉하고 고풍스러운 카페와 맛있는 전통 식당들이 속속 들어차는 고향이 대견스럽다. 장고항에 실치가 잡히거나 고향 뒷산에 상수리가 마구 떨어질 때 그리고 어머니가 문득 생각나는 날이면 다시 당진을 찾게 될 것이다.

국민학교를 다녀와서

주말을 맞아 고향에 가는 길이다. 차 안 라디오에서 구성진 옛 노래가 연이어 흘러나왔다. 운전대를 악기 삼아 툭툭 치며 혼자 흥겹게 따라 부르다 보니 문득 어린 시절이 생각났다. 60년대 초 시골 소년은 책보를 어깨에 둘러메고 왕복 두 시간의 신작로를 걸어 다녔다. 그 국민학교가 갑자기 보고 싶어졌다.

아침이면 동네 친구들과 큰길에 모여 단체로 학교에 갔다. 서로 장난치고 길가에 있는 나무 밑에서 감도 줍고, 밤도 줍고, 대추도 주워 먹으며 두런두런 걷다 보면 통학길 한 시간이 지루하지 않았다. 친구가 집에 귀한 손님이 왔었는지 자랑도 할 겸 사탕 한 알씩을 나누어 준다. 오래간만에 먹어 보는 달콤한 사탕 맛에 그 날은 종일 행복했다.

고향에서 고등학교를 마치고 바로 객지로 나와 직장생활을 하였다. 그러다 보니 고향에서 멀지 않은 모교를 한 번도 찾아가지 못했다. 아니 그럴 여유도 없이 바쁘게 살아 온 것만 같다. 40년

　동안이나 가보지 못한 국민학교. 지금은 어떻게 변했을까. 예전 모습이 하나라도 남아 있을까. 두 시간이면 학교에 도착하련만 궁금증은 쉽사리 사라지질 않았다.

　아침 일찍 출발했더니 늦가을의 들판은 영화의 한 장면처럼 안개가 자욱했다. 안개등을 켜고 천천히 만추의 아침 길을 달렸다. 부지런한 농부들의 손길로 벌써 가을 추수는 끝났고 학교 앞에 도착하니 아름드리 미루나무 두 그루가 어렴풋이 옛 기억을 떠오르게 해준다.

　예전 검은색 콜타르를 발랐던 나무 판벽 교실들은 어디로 숨었는지 한 동도 보이지 않았다. 그 대신 우람한 2층 슬라브 건물이 교문을 내려다보고 있다. 매일 농장 일로 우리를 힘들게 했던 넓은 실습지에는 거대한 체육관이 햇빛에 반짝이고 있었다. 당시 국민학교에는 농장이 있어 고학년은 하루 한두 시간씩 농사일에 동원되었다.

새로 만든 교문 벽에 기대 서서 인자하시던 6학년 담임 선생님을 마음속으로 불러 보았다. 그러나 한참을 기다려도 아무런 대답이 없다.

우리 때보다 훨씬 좁아진 조그만 운동장에 서 본다. 쉬는 시간마다 같이 어울려 놀던 개구쟁이 친구들이 교실을 박차고 금방 튀어나올 것만 같다.

1968년, 국민학교를 같이 졸업한 동창은 270명이다. 한 반에 70여 명씩 4반까지 있었다. 학생이 많다 보니 뒤에 앉은 학생은 선생님 말씀도 잘 들리지 않았다.

지금은 모두 어디에 살고 있는지. 십여 명을 제하고는 알 수가 없다. 동창회나 가야 얼굴을 볼 수 있다.

밤하늘에 총총히 빛나는 별처럼 이곳저곳에서 열심히 살겠지.

휴일인데도 어린이 두 명이 학교에 나와 놀고 있었다. 까마득한 40년 후배에게 옛날이야기를 들려주었다.

"아저씨는 집에서 학교까지 한 시간씩 걸어 다녔단다. 운동화가 없어 고무신을 신고 다녔고, 우산이 없어 밀가루 포대를 접어 써야 했어. 우리 학교에 당진 최고의 야구부도 있었단다. 야구부는 점심에 구수한 냄새가 일품이었던 강냉이죽을 실컷 먹을 수 있었지. 그래서 야구부를 엄청 부러워도 했어. 가난한 집 아이들에게만 주는 음식이었거든."

꼬마 어린이는 내가 하는 얘기를 전혀 알 수 없다는 듯 고개만 갸우뚱거렸다. 교무실 앞 화단을 지키고 있는 늙은 향나무가 외롭게 서 있다. 향기로운 국화꽃과 노랗게 물든 은행나무만이 그래도 나이 많은 졸업생을 대우해 주는 것 같았다.

파란 가을 하늘 아래 의연하게 서 있는 '60주년 개교 기념탑'이 부드러운 가을 햇살에 볼을 비비고 있었다. 가을로 가는 빛깔이 너무도 곱다. 곱게 자란 관상수의 가을 채비를 보며 발걸음을 행정실로 옮겼다.

"제가 43회 졸업생인데 지난 앨범 좀 볼 수 있나요?"

이 말을 하려니 옛날 교무실에 들어갈 때처럼 목소리가 좁아들었다. 갑작스러운 50대 졸업생의 학교 방문에 행정실 직원도 의아해한다. 용도를 물어본 20대 직원은 잠깐 있으라며 서고로 사라졌다. 잠시 후 돌아온 직원은 앨범이 없다고 했다. 그럴 리가 없는데 반별로 졸업 사진을 찍었다고 했더니 그럼 서고에 같이 가보자고 한다. 30여 분간 이곳저곳을 뒤진 결과 서고에서 찾은 것은 커다란 사진 한 장. 교무실 앞에서 찍은 단체 사진이었다. 아니 이럴 수가 있나. 큰 기대를 걸고 120km를 달려왔건만 허무하다는 말밖에 나오지 않았다. 행정실 직원에게 감사하다는 인사를 하고 운동장을 한 바퀴 돌아 보았다. 지난 세월 어렵게 학교에 다녔지만 그 교훈으로 평생 검소하게 살 수 있었다. 매일 아침저녁으로 많이 걸었기에 아직 건강을 유지하는 게 아닌가 싶다. 40년 전 교정에 서서 어렵던 시절의 아련한 추억에 빠져 보았다. 아무리 기다려도 오지 않는 친구를 그리며. (2008년)

입사하던 때

　1978년 10월 5일. 이불 보따리와 손가방을 들고 서산 가는 버스에 올랐다. 비포장도로를 털털거리며 달리는 버스 뒤로 뽀얀 흙먼지가 회오리바람을 일으키며 시골길을 덮었다. 도로에 패인 곳이 많아서 그런지 버스도 반듯하게 가지 못하고 술 취한 사람처럼 흔들거렸다. 그날따라 낡은 버스의 차창은 유난히 거칠게 울부짖었다.

　8시 무렵 사무실에 도착했다. 정문에 들어서니 곱게 늙은 향나무 두 그루가 붉은 벽돌 차림 사무실을 지키고 있었다. 마당 옆 한구석에는 군대 막사 같은 나무판 창고가 나를 의심하듯 쳐다본다. 사무실 뒤로는 한옥 사택 두 채가 감나무를 사이에 두고 나란히 사이좋게 살고 있었다.

　사무실 문을 열고 멈칫거리며 들어섰다. 그날 같이 발령받을 세 명의 동기는 먼저 와 있었다. 아는 사람이라곤 이들뿐. 탁자 옆에 놓여 있는 가을 국화가 한껏 향기를 내뿜으며 그래도 반갑다고 인사해 주는 것 같았다. 여직원이 가져다준 따끈한 결명자차 한

잔에 굳은 몸이 풀렸다. 색깔이 빨갛고 달콤하던 결명자차. 결명자차는 그날 처음 마셔서 보았다. 나중에 알고 보니 장복하면 시력이 좋아진다고 했다.

 잠시 후 서무과장의 안내로 임원실에 들어가 조합장으로부터 임용장을 받으면서 나의 직장생활은 시작되었다. 그날, 네 명 중 두 명은 지방 발령을 받아 외지로 떠나야 했고 나와 또 한 명은 사무실 업무 보조원으로 남게 되었다.

 첫날은 서류 접수와 발송 같은 간단한 업무를 보며 하루를 보냈다. 이날은 어찌나 하루가 지루하던지 밀린 방학 숙제하는 날 같았다. 어느덧 여섯 시 퇴근 시간이 되었다. 담당 과장은 시간이 지났음에도 퇴근할 기미를 보이지 않았다. 잠시 후 "자네들은 먼저 퇴근해." 라고 말했지만 차마 일어설 수가 없었다. 신문을 가져다 읽으며 눈치만 보아야 했다. 과장은 여덟 시를 넘겨 퇴근했다.

그제야 우리도 사무실을 나와 저녁을 먹을 수 있었다.

다음날 출근해 보니 사무실이 아침부터 분주하게 돌아갔다. 직원회의를 한다며 사무실에 긴 탁자를 들여놓고, 회의 서류를 배포하고, 나 같이 가만히 앉아 있는 직원은 한 명도 없었다. 국민의례를 시작으로 열 시에 시작된 회의는 조합장 인사와 간부인사, 지역 감독관의 훈시를 듣고 나니 점심때가 되었다.

단체로 점심을 먹고 와서는 1시부터 다시 오후 회의가 열렸다. 전월 업무 평가와 이달 업무 지시를 했다. 이게 무슨 내용인지 잘 알지도 못하겠고, 엉덩이는 쑤시고, 그렇게 긴 하루가 지나갔다. 다섯 시경 회의는 끝났다. 그러나 그게 다가 아니었다.

방 가운데 미닫이문이 여러 개 있는 큰 식당에 직원 삼십여 명이 얼굴을 마주 보고 앉았다. 잠시 후 조합장부터 시작해 줄줄이 건배 제의가 이어졌다. 모두 술꾼만 모아 놓은 것 같았다. 간부들이 돌아가며 술을 따라 준다. 실수를 안 하려고 화장실을 몇 번씩 들락거리며 수돗물을 마시고 세수하고 정신을 가다듬었다. 좀 전까지 사무실에서 엄숙하게 훈계만 이어지던 회의는 어디로 가고, 소주잔 부딪치는 소리와 웃음소리만이 방안을 가득 울렸다.

우리는 꾸어다 놓은 보릿자루처럼 구석에 가만히 앉아 있었다 그때 한 선배가 다가오더니 "신입들, 왜 이렇게 수가 좁아. 잔 들고 일어나 선배한테 술 한 잔씩 권해." 이러는 거다. 분위기상 안

할 수도 없고 어쩔 수 없이 삼십여 명 선배한테 술 한 잔씩 권하고 답례 술을 받다 보니 어느새 술에 취해 버렸다. 회식 자리가 회의의 꽃이었다. 직원 어느 한 사람도 먼저 일어나지 않았다. 술에 취해 실수하는 사람도 없었다. 그야말로 정신력이 대단하였다.

다음날에도 술자리는 이 핑계 저 핑계로 계속 이어졌다. 처음 며칠은 대우받는 것 같아 좋았지만 선배들 사이에 끼여 꼼짝할 수도 없는 자리라 나중에는 근무보다 더 힘들었다. 당시 술 한 잔 못 하던 나에겐 커다란 곤욕이었다.

그러나 지금 생각해 보면 선후배 간의 따듯했던 직장 분위기는 결코 잊을 수가 없다. 초임들이 잘못한 게 있으면 선배들이 나서서 변호해 주었고 보고서를 작성할 때면 주의사항을 미리미리 알려주어 실수를 줄일 수 있었다. 밤마다 이어지던 술자리 비용도 초임들에는 부담을 주지 않았다.

퇴근 시간만 되면 선배들이 앞장서고 "이리 따라와!" 하며 우리를 골목으로 데리고 다녔다. 자주 다니던 곳은 시장 입구 막걸릿집. 그곳엔 연탄 화덕과 빛바랜 외상장부가 항상 우리를 기다렸다. 카드가 없던 시절, 단골집에 가면 주머니는 비었어도 언제든 술을 먹을 수 있었다. 술을 잘 못하는 나에게 선배는 농민들 상대하려면 술 좀 다룰 줄 알아야 한다며 술을 권했다. 이것도 근무의 연장이라는 선배의 충고에 그날부터 온갖 고통을 감수하며 술을 먹기 시작했다. 처음엔 술 한 잔만 들어가도 숨이 차고 홍당무가 되었다. 그러나 매일 연습 술을 먹어 보니 조금씩 덜 취하는 것 같았다. 몇 달 후에는 선배를 붙잡고 "술 한잔하러 가요." 하며 내가 먼저 나서게 되었다.

선배들이 거나하게 취하면 "너희들 젊으니까 여기 정들기 전에 빨리 떠나. 여기 장래 희망도 없고 근무하기도 힘들다. 왜 하필이면 이런 데로 왔냐. 내가 젊어서 못 떠난 것을 지금까지 후회한다." 이래 놓고는, 다음 날 아침이면 우리 직장이 끗발은 없어도 분위기는 최고이고 이런 데 또 없다는 말을 매일 듣고 지냈는데 벌써 40년 전 얘기가 되었다.

요즘 젊은 직장인들은 선배들과의 회식 자리를 가능하면 피한다고 한다. 70년대 우리가 직장 다닐 때와는 직장 문화가 많이 변한 것 같다. 맞벌이하는 가정도 많고 평생직장의 개념도 없어졌기에 동료 간에 깊은 정도 덜한 것 같다.

옛날엔 내 일이 먼저 끝나도 기다렸다가 선배들과 나란히 퇴근했다. 골목을 지나다 선배들과 허름한 대폿집에 들어가 막걸리 한잔하며 회포도 풀고 가정 이야기도 나누었다. 어려운 일이 생기면 발 벗고 나서서 도와주고, 주말에는 낚시 친구도 돼 주었던 직장 선배들이 문득 그리워진다.

5부 가우디와 구엘

게트라이테 거리

2019년 6월, 고교 동창 부부 8명이 오스트리아에 갔다.

마침 박 사장 부인이 회갑을 맞는 해였다. 친구들은 축하 행사로 특별히 마련했다며 한껏 부풀려 생색을 냈다.

해가 넘어가는 저녁 무렵 해발 2,000m 이상의 높은 산들 사이로 그림 같은 호수가 펼쳐진 '잘츠부르크'에 도착했다. 하늘을 올려다보니 지나가는 비행기 꽁무니에서 하얀 연기가 실타래처럼 줄줄 풀어져 나왔다. 어릴 적 고향 하늘에서 자주 보았던 모습이다. 유럽에서 고향의 옛 풍경을 만나다니 잠시 추억에 빠져들었다.

가이드가 '미라벨 궁전'으로 안내한다. 화려한 정원과 웅장한 외관이 여행객의 눈을 사로잡았다. 영화 '사운드오브뮤직'에서 여자 주인공 마리아와 아이들이 도레미 송을 부르며 춤을 추던 곳이다. 역사 속으로 사라져 버린 사운드오브뮤직이 되살아나듯 골목에서 경쾌한 왈츠 소리가 들려왔다. 그래서인지 지나는 시민들의 표정도 여유롭고 밝게만 보였다.

호기심에 빠져 이곳저곳을 사진에 담다가 그만 아내와 일행을 놓쳐 버렸다. 순간 가슴이 철렁 내려앉았다. 삼십여 분을 헤매고 나서 간신히 아내를 찾았다. 아내도 나를 찾느라 얼마나 노심초사했는지 이마에 땀방울이 맺혀있었다. 화가 잔뜩 난 아내는 "당신이 무슨 사진작가나 돼. 사진 좀 그만 찍어." 친구 부인들 보는 앞에서 큰 소리로 말했다. 어찌나 무안하던지 변명 한마디 못 하고 사진기를 잠시 가방에 넣으며 위기를 모면했다.

　나의 실수로 첫날 일정을 엉망으로 마치고 외곽에 있는 조그만 호텔로 왔다. 시원한 시냇물이 호텔 앞 다리 밑으로 콸콸 넘쳐 흘렀다. 버스에서 내려 여행 가방을 찾으려는데 바로 옆 광장에서 우렁찬 행진곡 소리가 들려온다. 우리를 환영하는 악대인 줄 알았다. 어찌나 기분이 좋아지던지 장거리 비행의 피로가 싹 가셨다. 주말마다 열린다는 마을 음악회였다. 가이드가 호텔로 빨리 들어오라고 손짓했건만 쉽사리 발길이 떨어지지 않았다. 호텔에 가방을 들여 놓고 캔맥주 하나씩 들고 다시 음악회를 보러 나왔다. 하늘 저편 달빛은 고요하고 귀에 익은 명곡들은 은하수 되어 초롱초롱 빛났다.

　다음 날 새벽, 시차 적응이 안 돼 일찍 깨어보니 창가에는 이름 모를 새들이 몰려와 고운 목소리로 나를 불렀다. '잘 잤어요. 오스트리아에 오신 걸 환영합니다.' 신비한 광경에 아내를 깨우고

창문을 열어젖히니 알프스 합창단의 청아한 목소리가 방 안 가득 울려 퍼졌다. 새들도 모차르트 학원에서 노래를 배웠는지 화음이 곱기만 했다.

고대 그리스 의학자 히포크라테스는 '인생은 짧고 예술은 길다.'라고 말했다. 지금 오스트리아에서는 35세로 짧은 생을 마감한 '모차르트'가 부활한 것 같다. 그가 사망한 지 230년이 지났건만 전 세계 관광객이 몰려오고 그를 만나러 생가에 간다. 그를 기리는 음악회도 매년 성황이다.

노란색 건물 3층에 있는 모차르트 생가 앞에 섰다. 생가 앞 좁은 골목에는 기념사진을 찍는 사람들로 문전성시를 이루고 있었다. 역사의 한순간을 기록하려는 듯 모두 감격스러운 표정들이다. 관광객이 넘쳐흐르는 잘츠부르크 시내엔 크고 작은 모차르트 초콜릿 가게가 즐비했다. 모차르트 초콜릿은 1884년 '휘르스트'라는 사람이 처음으로 만들었다. 모차르트를 존경했던 그는 자기가 개발한 신제품에 모차르트의 사진과 이름을 붙였다고 한다.

호젓한 잘자흐 강을 건너서자 구시가지 '게트라이테' 거리가 나왔다. 좁다란 골목을 따라 상점들이 다닥다닥 붙어 있고 건물 벽에 내 걸린 200년 된 철제 수공 간판들이 예술작품처럼 멋있어 보였다. 구두, 시계, 초콜릿 같은 모양을 하고 있었다. 음악 천재 모차르트도 이곳 골목에서 시간 가는 줄 모르고 친구들과 뛰어놀지 않았을까?

중세 시대엔 글을 모르는 문맹인들이 많았다고 한다. 그들이 상점을 쉽게 찾을 수 있도록 그림 모양의 조그만 간판을 만들었다. 벽에 걸려 있는 조각품 간판을 보니 삶이 고단했을 당시 문맹인들이 당장이라도 가게 안에서 물건을 사 들고 나올 것만 같았다.

우리네 간판은 어떠한가. 다른 집보다 좀 더 좋게 보이려고 건물 전체를 도배하듯 크게 만든다. 그뿐이 아니다. 번잡한 거리에 불법 광고까지 서슴지 않는다. 이웃이야 어찌 됐든 나만 잘되면 그만이다.

내가 그랬다. 이제껏 커다란 간판만 만들면 다 되는 줄 알고 오로지 나만을 위해 살았다. 이웃이야 어떻게 되든 무슨 어려움이 있는지 알려고도 물어보려고도 하지 않았다. 이웃과 더불어 오순도순 사는 미덕은 남의 일로만 알고 살아왔다.

잘츠부르크 사람들은 중세부터 이웃끼리 욕심부리지 않고 더불어 행복하게 살아 온 것 같다. 문맹인까지도 배려하면서 말이다. 게트라이테 거리 간판을 보면서 자신이 문득 부끄럽다는 생각이 밀려왔다. 이제라도 내 마음을 게트라이테 거리처럼 소박하고 인정 넘치는 간판으로 갈아달고 싶어졌다.

선물 가게 안에서 어쩐 일인지 아내가 웃으며 초콜릿 한 알을 입에 넣어 준다. 입속에 들어온 초콜릿이 사르르 녹았다. 이때였다. 아내는 언제 찜했는지 초콜릿 상자를 십여 개나 들고 왔다. 여행 기념으로 친구들에게 하나씩 주고 싶단다. 카드를 들고 계산대 앞에 서니 청년 모차르트가 활짝 웃고 있다. 오늘도 모차르트는 바이올린 하나 들고 전 세계 연주 여행을 떠난다.

노도의 애원

대전 유성구 전민동에 가면 광산김씨 묘역이 있다. 이곳에는 조선 시대 소설가 김만중의 아버지와 할아버지 내외 묘가 있다. 휴일을 맞아 찾아가 보았다.

'한국한의학연구원' 앞에서 길을 건너 양지바른 언덕에 도착하니 하늘 높이 치솟은 푸른 대나무 숲이 울창했다. 곧게 서 있는 대나무의 우듬지가 봄바람에 쓰러질 듯 말 듯 심하게 흔들리고 있다. 마치 옳은 일이라면 임금에게 목숨을 내놓고 직언했다는 김만중의 기개를 보는 듯하였다.

늙은 소나무가 봉분을 받쳐주고 있는 언덕에 오르니 선생의 할아버지, 할머니, 아버지, 어머니 묘가 평화롭게 마을을 내려다보고 있었다. 풍수지리에 문외한이지만 명당 같았다. 묘역에서 내려오는 길, 좁은 골목에는 김만중 선생의 좌상(坐像)과 정려(旌閭) 그리고 문학비가 있었다.

김만중 선생에 대하여 자료를 찾아보았다. 증조부는 예학의 대

가인 김장생이고. 할아버지는 대사헌을 지낸 김 반이다. 문신 김익겸 선생이 그의 아버지다. 어머니 해평 윤씨도 이조참판의 따님으로 명망 높은 가문 출신이었다.

'사람의 됨됨이를 평가하려면 먼저 그 부모를 보라'는 말이 있다. 증조부에서 아버지까지 당대 최고의 학자 집안 아닌가. 그러기에 김만중 선생도 남달랐을 것이다. 선생의 아버지는 병자호란 때 강화도에서 청나라 군대에 맞서 싸웠다. 그러나 끝내 나라를 지켜내지 못하자 스스로 화약을 지고 불에 타 산화(散華)하였다. 이를 지켜본 선생의 할머니도 다음날 목숨을 끊었다. 대대로 내려온 충신 집안이 하루아침에 기울었다. 아무리 나라를 위한 충절이라도 그렇지 집안은 어찌하려고. 2대가 목숨을 버렸다. 만약 그 시절 그 자리에 있었다면 이런 행동을 할 수 있었을까? 감히 생각도 못 할 일이라는 마음이 들었다.

선생의 어머니는 아들을 공부시키면서 얼굴을 직접 보지 않았다고 한다. 여름에는 발을 치고 겨울에는 병풍으로 가린 후 공부시켰다. 열심히 공부하는 아들의 모습을 보면 자기 얼굴에 화색이 돌아 아들이 교만해질까 두려웠고 공부하지 않아 화난 얼굴을 보면 아들의 기가 꺾일까 염려해서다. 또한 과부의 자식이란 소리를 듣지 않게 하려고 남들보다 훨씬 더 엄하게 아들을 교육했다. 선생 어머니의 고매한 인품을 엿볼 수 있는 장면이다. 요즘 교육 현장에서는 문제 학생의 부모들이 찾아와 모든 걸 학교 탓만 한다는데 선생의 어머니는 얼마나 훌륭한 분인가 비교가 되었다.

일주일 후, 선생의 어머니 생각이 나서 다시 묘역을 찾아가 보았다. 구석구석 천천히 묘역을 둘러본 후 골목에 따로 위치한 선생의 정려로 갔다. 선생 어머니에 대한 효심을 기려 세운 정려이다. 정려 안에는 조선 시대 선비의 모습으로 재현한 선생의 좌상이 있다. 그리고 정려 앞에는 선생의 문학비가 세워져 있었다. 문학비에는 선생의 효심을 나타내는 '어머니를 그리워하며'라는 시가 새겨져 있다. 이 시는 유배지 남해 노도에서 어머니의 생신을 맞아 찾아뵙지 못하는 마음을 시로 쓴 것이다.

어머니를 그리워하며

오늘 아침 사친의 시 쓰려 하는데
글씨도 이루기 전에 눈물 먼저 가리네
몇 번이나 붓을 적시다 도로 던져 버렸나
응당 문집 가운데 해남의 시 빠지겠네

이 시를 읽으며 나도 모르게 가슴이 뭉클해졌다. 유복자였지만 어머니의 지극한 보살핌으로 대제학의 자리에까지 오른 그가 아니던가. 마땅히 찾아뵙고 감사를 드려야 하는 날 한양으로부터 천 리나 떨어진 남해에서 하늘만 쳐다봐야 하는 심사가 얼마나 참혹했을까. 선생의 어머니는 인적도 드문 조그만 바닷가에서 위리안치圍籬安置된 자식을 생각하며 또 얼마나 많은 눈물을 흘렸을까. 이런 생각을 하다 보니 선생이 너무 가엾고 그 시대가 야속해졌다. 죄송한 마음 가득 안고 선생의 좌상 앞에 서서 묵념을 올렸다. 잠시 후 고개를 들어 대나무숲을 올려다보니 사람 같아 보이는 뭉게구름이 남쪽으로 빠르게 달려간다. 천 리 먼 길 한양에 두고 온 홀어머니가 그리워 눈물짓고 있던 선생의 모습 같았다.

봄바람에 살랑거리는 대나무 잎이 오늘따라 더 푸르다. 평생을 대쪽과 같이 올곧게만 살다 가신 선비를 보며 이제 남은 인생 '왕대'처럼은 못살아도 조그만 '조릿대'라도 되고 싶다. 비문에 새겨

질 애국자는 못 되더라도 후손에게 떳떳한 사람이 되고 싶다. 묘역에서 내려오는 길, 대숲에서 '싸아 싸아'하는 소리가 났다. 남해 노도에서 어머니를 그리며 부르는 선생의 목소리 같았다. 대숲에 바짝 다가서니 손등이 거친 댓잎이 내 손을 번쩍 잡는다. 한양에 계신 어머니한테 안부 좀 전해 달라고 말하는 것 같았다.

백제의 흔적

봄을 맞아 신원사를 찾아본다. 단체 관광객이 많지 않고 고즈넉한 풍경이 좋아 한 해에 몇 번씩은 오게 되는 곳이다. 어떤 날은 적막감이 들 정도로 조용하다. '첫사랑처럼 그냥 이대로 머물러 주었으면 좋겠어.' 할 정도로 마음에 쏙 드는 사찰이다.

공주 쪽에 들어서니 쌀밥 같은 이팝나무 꽃이 피기 시작한다. 가지에 매달린 하얀 꽃이 어찌나 탐스럽던지 한 다발 엮어 전설 속 가난한 집 며느리에게 선물하고 싶었다. 차창 밖으로 보이는 하늘이 네 살 손녀처럼 해 맑아 보인다. 신원사로 넘어가는 지방도로는 세월이 잠시 멈춘 듯 예전 모습 그대로다. 미술관에 걸린 한 폭의 수채화다.

코끼리 등처럼 늙어 보이는 느티나무 정자를 지나려니 주인 없이 쓰러져 가는 기와집이 보였다. 돌, 담장은 무너져 내리고 우물가에 노란 황매화가 수줍게 피어 있다. 저곳에 살았던 사람들은 누구일까. 그들은 산골을 떠나 꿈을 이루고 행복하게 살고 있을

까. 황매화는 올봄에도 소담하게 피어올라 떠나간 이들을 마냥 기다리는 것 같았다.

점심때가 되어 신원사 입구 식당을 찾았다. 메뉴를 보니 천연초 효소로 요리한다는 밥 꽃 정식이 있어 주문해 보았다. 샐러드, 두부김치 등 채소 요리가 먼저 나왔다. 집 앞 농장에서 직접 재배한 채소라더니 싱싱함이 혀끝에 묻어난다. 장아찌와 절임류 반찬도 입맛을 돋워준다. 뚝배기에 담겨나온 된장찌개에서 구수한 향이 났다. 예전 고향에서 먹었던 어머니의 손맛이다.

신원사로 갔다. 신원사新元寺는 백제 의자왕(651년) 때 보덕 화상이 창건하였다고 한다. 대웅전 앞에서 계룡산 천왕봉을 올려다본다. 구름 한 점 없이 파란 하늘 아래 부처님이 편안히 누워 있는 형상이 보인다. 와불이 어찌나 선명하게 다가오던지 감탄을 자아내기 충분했다. '천년고찰 명성이 괜히 나온 것이 아니었구나' 그런 생각이 들었다.

민족의 영산인 계룡산 국립공원에는 동쪽으로 동학사, 서쪽으로 갑사, 그리고 남쪽으로 신원사가 자리한다. 그중 신원사는 주봉인 천왕봉과 연천봉 사이 흐르는 계곡 옆 길지에 자리하고 있다. 규모는 작고 소박하다. 봄에는 벚꽃, 철쭉, 매화가 신혼 이불처럼 화사하게 사찰을 덮는다. 가을이면 화려한 단풍, 겨울이면 고즈넉한 설경이 여덟 쪽 병풍이 된다. 사진찍기 좋은 명소라며 SNS에 소개되는 이유를 알 것만 같다.

초파일이 얼마 남지 않은 듯 너른 마당엔 한복을 곱게 차려입은 듯한 연등들이 부처님 앞에 나란히 서 있다. 대웅전 처마에서 정적을 깨고 들려오는 풍경소리가 마치 고향 집 마루 위에서 울려대던 괘종시계 같았다.

대웅전을 돌아 나오니 궁궐 같은 웅장한 건물이 보인다. 신원사의 숨은 보물 중악단이다. 조선 시대 건축물로 산신제를 지내오다 폐지된 것을 명성황후의 명으로 고종(1879년) 때 복원했다고 한다. 당시 묘향산에는 상악단, 지리산에는 하악단이 있었으나 모두 소실되고 현재 이곳만 남았다.

중악단은 지금 문화재 수리 공사가 한창이다. 어수선한 대문간을 지나 중악단으로 들어서니 마침 스님께서 예불 준비를 하시고 계셨다. 불자는 아니지만 명성황후도 이 자리에서 기도를 올렸던 곳이라 경건한 마음으로 산신에게 예를 올렸다.

중악단은 조선의 건국 설화와도 관련이 있다고 한다. 이성계가 조선을 건국하려고 전국에 있는 유명한 산을 찾아 산신님께 기도를 올렸지만 호랑이가 나타나 방해했다. 무학대사에게 문의해 해결 방안을 찾았다. 무학대사가 말하길 '산신 중의 어머니 격인 계룡산 산신님께 기도를 올려 승낙 받아내라.' 하였다. 어머니가 승낙하면 자식들은 어머니 말을 따르기 때문이다. 이 말을 들은 이성계는 계룡산을 찾아가 지극 정성으로 기도를 올려 계룡산 산신령의 승낙을 받았다는 것이다.

중악단 마당을 둘러싸고 있는 꽃담을 보니 경복궁 자경전에 온 듯하다. 이곳 담장은 전돌을 따로 구워 궁궐 꽃담과 같이 반듯하게 심었다.

명성황후가 내려와 주무셨다는 요사채 앞에는 하얀 고무신 한 켤레가 댓돌을 지키고 있었다. 저 신발이 명성황후가 신으시던 고무신이 아닐까. 다시 오실 날을 기다리며 대문만 바라보는 고무신이 한없이 애처로워 보였다. 기도를 드리기 위해 머나먼 한양에서 공주까지 가마를 타고 왔을 명성황후의 바람은 무엇이었을까. 중학단은 과연 소원을 들어주었을까. 그저 의문만 남았다.

삼십 분 거리에 있는 고왕암古王庵을 찾는다. 계룡산 깊은 자락에 있어 맑은 공기와 차분함을 느낄 수 있는 곳이다. 계곡을 따라 오르는 길이 새소리, 물소리로 지루하지 않았다. 계곡물에 손을 담가 본다. 맑고 차다. 폭포에서 쏟아져 내리는 시원한 물소리를 들으며 가파른 계단을 오른다. 고행 없이 갈 수 있는 암자는 없는 것 같다. 고왕암으로 오르는 좁은 길에는 울창한 신우대가 왕을 지키던 백제 병사처럼 늠름하게 서 있었다.

고왕암은 백제 때 의자왕(660년)의 명으로 등운 스님이 창건한 천년고찰이다. 태조 이성계가 도읍지를 정하려고 계룡산에 왔다 머물고 간 곳이기도 하다. 백왕전 옆으로 우뚝 솟아 있는 소나무 아래 거대한 부처상이 새겨져 있다.

고왕암에는 백제를 건국한 온조왕부터 마지막 의자왕까지 31명의 위패가 봉안돼 있다. 매년 가을 역대 왕들의 넋을 위로하고 나라의 안녕과 불교문화 발전을 축원하는 '추모문화제'를 봉행한다.

이렇듯 신원사는 작지만 조선 시대 왕실에서 특별히 아끼고 지원해 주었을 정도로 역사적 의미가 있는 장소다. 봄에는 산신제, 가을에는 고종과 명성황후를 위한 천도 대제를 지내고 있어 이곳은 단순한 사찰이 아니다. 호젓한 풍경 속에 몇백 살인지 가름할 수 없는 큰 소나무들이 그림처럼 자리하고 있다. 늦은 봄 햇살이

솔가지 사이로 곱게 퍼진다. 신원사를 찾아 부처님 와불을 감상하고 잠시 사색에 빠져 보는 것도 좋을 것 같다.

공주 시내로 나왔다. 옛 시외버스터미널이 있던 산성동 공산성 앞이다. 입장권을 사려고 하니 창구가 닫혀 있다. 무료입장이라고 한다. 왠지 기분이 좋아졌다. 완만한 경사로를 따라 오르니 첫 번째 출입문 금서루가 나온다.

공산성은 삼국시대 성곽으로, 백제 문주왕 원년부터 성왕이 부여로 천도할 때까지 64년간 도읍지였다. 해발 110m 능선과 계곡을 따라 이어진 2,660m의 성곽은 금강과 어우러져 고즈넉한 운치를 자랑한다. 봄이면 초록 물결 사이로 분홍빛 철쭉이 화사하게 피어나 산책을 즐기기에 제격이다.

성벽의 동서남북에 황색 깃발이 나부낀다. 마치 사극의 한 장면을 보고 있는 듯 백제의 찬란했던 역사가 꿈틀대고 있었다. 금강이 감싸 흐르는 고풍스러운 성곽을 따라 뚜벅뚜벅 걷다 보면 1500년 전 대백제의 향취가 가슴속 깊이 스며든다. 한쪽 면이 절벽인 성곽을 아슬아슬하게 내려가는 젊은이들 표정이 흥미롭다. 청춘끼리 손잡고 마음껏 걸을 수 있는 오늘이 얼마나 큰 축복인지 세월이 지나면 그들도 알게 될 것이다.

공산성을 한 바퀴 돌다 보니 한 시간 삼십 분이나 걸렸다. 아름드리나무 그늘에 가려진 푸른 산책길이 실내 카페처럼 시원했다.

광복루를 지나려니 아카시아 향이 코끝을 진동한다. 하늘 높이 솟아오른 아까시나무 우듬지에 까치집 두 개가 사이좋게 마주 보고 있다. 고향 동네의 윗집 아랫집처럼 마냥 정겹다. 신나무, 참나무, 왕벚나무가 울창한 숲속에서 이름 모를 새들이 번갈아 노래를 불렀다. 참으로 오래간만에 들어 보는 숲속의 음악회였다.

민족의 영혼을 찾아

올해는 코로나19 때문에 여행을 못 갔다. 작년부터 딸이 준비한 동남아 가족여행도 손해를 봐가며 취소했다. 처음 준비하던 가족여행이라 아쉬움이 컸다. 여행은 안내 책자를 읽고 인터넷을 조회하면서 시작된다. 하나둘 준비하다 보면 벌써 마음은 현지에 가 있고 기대감에 들뜨게 된다. 대략 일정이 정해지면 기행문을 찾아본다. '아는 대로 보인다'고 막연히 떠난 여행보다는 뭔가 알고 가면 볼거리도 풍부해지고 얻어 오는 것도 많기 때문이다.

요즘에는 여행 후기와 기행 수필이 많이 발표되어 초보 여행자에게 큰 도움이 된다. 아마 각박한 삶을 재충전하려는 여행객의 증가가 한몫하는 것 같다. 여행은 미지에 대한 기대와 흥분, 새로운 세계의 발견과 깨달음 등 직접적인 체험은 물론 수백 년, 수천 년 전의 인물을 만나 볼 수 있다는 매력이 있다. 삶에 새로운 자극과 활력소는 물론 자신의 안목도 높일 수 있다.

최중호 수필가의 「장경각에 핀 연꽃」을 읽었다. 저자는 중등 교

원을 역임했고 등단한 지도 30년이 된 중견작가다. 책의 페이지마다 고매한 그의 연륜이 섬세한 문장으로 묻어 나왔다. 글을 쓰기 시작하면서 '어떻게 하면 다른 사람을 위해 봉사할 수 있는 일은 없을까?' 생각한 끝에 선열들에 대한 글을 써 보기로 마음먹었다고 한다. 조상, 그분들이 드리운 커다란 그늘에 우리가 편히 살고 있지 않은가.

저자는 글을 쓰기 위해 40여 년간 선조들의 유적과 묘소를 탐방해 왔다. 선조들의 훌륭한 업적을 보듬기 위해서다. 그들과 관련이 있는 서적을 읽고 연관 있는 유적지를 탐방하며 후손을 찾아가 이야기도 듣고 족보를 빌려다 확인한 후에야 글을 썼다고 한다.

개인의 일상사를 소재로 하는 다수의 신변잡기 수필 쓰기에서 벗어나, 민족의 역사와 인물을 주제로 한 수필을 보여준다는 점에서 차별성을 지니고 있다. 「장경각에 핀 연꽃」은 팔만대장경이 만들어진 후 700여 년, 그동안 해인사에 수많은 재난이 있었지만, 유독 팔만대장경만이 그 위기를 넘길 수 있었던 것은 무슨 연유였을까? 이런 의문에서 시작된다. 1951년 한국 전쟁 시, 공군 제1전투비행단 김영환 편대장은 미군 측으로부터 가야산에 숨어든 인민군 900명을 소탕하라는 출격 명령을 받는다. 출격 후 하늘에서 폭탄 투하 지점이 팔만대장경을 보관한 해인사라는 점을 알게 되자 폭격을 거절하고 귀대해 버렸다. 전시에 상부의 명령 불복종은 사형까지 처할 수 있는 엄청난 죄에 해당한다. 이후 명령 불복종 사건을 문책하려는 미군 측에 사찰이 국가보다 더 중요하지 않지만 인민군 몇백 명보다는 중요하다. 그리고 그 사찰엔 700여 년간 우리의 민족정기가 서린 귀중한 문화재가 보관되어 있었다고 당당하게 답변하자 미군 측 장교가 잘못된 명령이었음을 시인하고 거수경례로 사과했다고 한다.

> 그는 가야산 상공을 비행하며 무엇을 보았을까? 가야산으로 주름 잡고, 분지에다 수를 놓은 해인사를 보았을 것이다. 둥근 능선으로 둘러있는 가야산이 연꽃이라면, 그 속에 곱게 피어난 것은 대장경을 모신 장경각이 아니던가?
>
> − 「장경각에 핀 연꽃」 중에서

2007년 세계문화유산으로 등록된 팔만대장경의 존재에 이런 비화가 있었음을 알고 있는 사람은 많지 않을 것이다. 우리 민족의 위대한 문화재, 팔만대장경 속에 의로운 군인 김영환이란 인물이 있었다는 사실을 일깨워 준 작품이다.

「돌아온 밀사」라는 글은 네덜란드 헤이그에 있는 이준 열사의 유적지를 다녀온 이야기다. 어린 시절 국민학교 선생님에게서 들은 이준 열사의 이야기가 너무 감동적이어서 기회가 되면 헤이그를 가 봐야겠다는 다짐을 했었다. 꿈에 그리던 기회가 왔다. 교사 재직 중 독일 연수 기회가 생긴 것이다. 휴일을 이용하여 국제선 기차를 타고 일곱 시간이나 걸려 이준 열사 유적지를 다녀왔다고 한다. 수필 한 편을 쓰기 위해 네덜란드 헤이그까지 다녀왔다는 글을 읽고 최중호 수필가는 본보기가 되는 역사적 인물들을 찾아냈을 뿐만 아니라 독자에게 역사의식을 심어주려는 집념의 작가라는 생각을 하게 됐다.

> 그때 열사의 묘소에 향불을 피워 드리고자 향을 준비했다. 하지만 향은 약해서 쉽게 부러질 염려가 있어 가져가기가 불편했다. '어떻게 가져갈까?' 하고 궁리한 끝에 문익점 선생이 중국에서 목화씨를 가져올 때의 일화가 생각나, 그리해 보기로 하였다. 붓 뚜껑 대신 볼펜 껍데기를 이용하였다. 볼펜에서 심을 빼낸 후 향을 절반으로 잘라 그 속에 넣고 닫았다.
>
> – 「돌아온 밀사」 중에서

저자는 해외 연수를 떠나기 전, 유적지 방문 계획을 세우고 제사에 쓰는 향을 준비하여 이역만리 열사의 기념관을 찾았다. 선열을 찾아뵐 때 빈손으로 가기가 민망하여 조촐하나마 간단한 제수를 준비했고 묘소를 찾아가 분향재배하고 술잔을 올린 후에 글을 썼다고 한다. 최중호 수필은 자기 삶에서 얻은 발견과 깨달음으로 민족의 문화와 영혼을 재발견, 재음미할 수 있는 계기를 마련해 주고 있다. 어쩌면 그는 고지식하다고 할 정도의 글쓰기 자세와 본질적인 주제 탐색을 직접 몸으로 하고 있다는 사실에 전율이 일었다.

직장 은퇴 후 지나온 일들을 수필로 써 보겠다고 무작정 뛰어든 나에게 크나큰 충격으로 다가왔다. 젊은 시절부터 여행을 좋아해 휴가철이면 국내로, 해외로 참 많은 곳들을 돌아다녔다. 하지만 남은 것은 빛바랜 인물 사진뿐이다. 저자와 같은 생각을 일찍 했더라면 먹고 노는 여행만을 하지는 않았을 것이다. 늦었다고 생각할 때가 가장 빠르다고 한 속담을 위안 삼아 지금부터라도 다시 시작해 봐야겠다. 그동안 알맹이 없는 여행만 다녀온 것이 후회스럽고 부끄럽다. 선열들의 흔적이 남아 있는 유적지를 중심으로 진정한 여행을 해 봐야겠다. 그리고 선열들의 남기신 나라 사랑 정신을 하나라도 찾아내어 십 년 후, 다시 보아도 부끄럽지 않은 나만의 수필을 써 봐야겠다.

오슬로의 하얀 밤

2014년 6월 친구들과 노르웨이에 갔다. 그해가 마침 회갑이었기에 나름 인생 60년을 기념하는 의미도 있었다. 오슬로에 도착하니 밤 9시, 호텔 밖은 처음 보는 백야현상으로 대낮처럼 환했고 쉽사리 잠을 이룰 수가 없었다.

다음 날 시내를 벗어나자 아침이슬 영롱한 푸른 초원이 대지를 포근하게 감싸주고 있었다. 옛날 동화책에서나 보았던 빨간색 파란색 화려한 지붕들이 그림처럼 나타났다. 아직도 지구상에 이런 청정지역이 있단 말인가! 첫날부터 펼쳐지는 맑고 푸른 자연에 눈물이 날 듯 감격스러웠다.

오슬로 외곽에 있는 '비겔란 조각공원' 앞에 내렸다. 높은 철제 투시 정문이 범상치 않은 위용을 자랑했다. 하늘을 가리고 있는 울창한 삼나무가 줄지어 서 있는 정원에 들어서니, 노르웨이가 자랑하는 조각가 '구스타브 비겔란'의 작품들이 파노라마처럼 밀려왔다.

연못 가운데에 놓인 다리 난간에 벌거벗은 채 울고 있는 아이 조각품이 보였다. '화난 아이'라는 조각상은 얼마나 많은 사람이 만져보았는지 손등이 닳아 반질반질했다. 아이의 화난 표정이 어찌나 실감 나던지, 지금 살아있는 아이가 내 앞에 나타나 '내 물건 내놓으라고' 소리 지르는 듯하다. 비겔란은 얼마나 많은 수련을 했기에 이런 작품을 만들 수 있었을까. 셀 수 없이 많은 미완의 작품을 깨면서 용기를 잃지 않는 장인정신은 어디에서 나왔을까. 감히 짐작되질 않았다.

비겔란은 1869년 노르웨이 남쪽 해안 '만달'에서 태어났다. 아버지는 가난한 목수였다. 아버지의 영향을 받아 어릴 적부터 깎고 다듬는 일을 좋아했고, 오슬로와 코펜하겐에서 조각 공부를 한 후 파리를 여행하면서 조각가 로댕의 영향을 많이 받았다. 작품 속에서 어린이에게 무한한 자애와 꿈, 희망을 불어넣어 주었으며 전 세계적으로 지금까지 가장 많은 작품을 남긴 조각가로 알려져 있다.

1915년 비겔란은 자신이 평생 영혼을 바쳐 조각한 작품들을 오슬로시에 기증하겠다는 의사를 밝혔다. 이에 오슬로시는 공원 설계와 작품을 의뢰했고 비겔란은 대규모 작업실을 마련하고 죽을 때까지 40년 동안 조각 작업에만 전념하였다. 하지만 비겔란은 안타깝게도 자신이 온 힘을 기울여 만든 공원이 완성되기 전, 세상을 떠나고 말았다. 그는 마지막으로 조각공원의 문을 항상 개방하고 방문객 모두에게 입장료를 받지 말라고 유언하였다.

총면적 32만m²에 이르는 비겔란 조각공원에는 인간의 탄생에서 죽음까지 삶의 모습을 조각품으로 새겨 놓았다. 정문을 들어서면 바로 중앙에 오른쪽 손에는 망치, 왼손에는 끌을 들고 있는 비겔란 동상이 입장하는 관람객을 맞이하고 있다. 공원에서 비겔란의 조각작품이 더욱 생동감 넘치는 보이는 것은 평화롭게 일광욕하는 시민이나 관광객이 항상 공원을 가득 채우고 있기 때문일 것이다.

공원에 전시된 비겔란의 수많은 조각작품 중 가장 유명한 것은 높이가 17m에 달하는 '모놀리트'다. 밀치고, 끌어 올리고, 절규하고, 화를 내는 모습들. 그것은 시시각각으로 변하는 인간의 욕망, 투쟁, 슬픔, 고독을 담고 있다. 우리네 인생살이도 저런 모습이 아닐까. 과연 우리는 어디로 와서 어디로 가는 것일까. 일순간 나는 무엇인가에 홀린 듯한 발자국도 옮기지 못한 채 비겔란의 영혼과 체온이 느껴지는 조각상 앞에서 심연에 빠져 있었다. 마치 윤회의 굴레를 벗어나지 못하듯이….

그는 전형적인 북유럽 사람의 삶을 살았다. 겉으로 드러나지 않고 혼자 고민하며 묵묵히 제 할 일만 하던 사람. 인간의 삶은 존엄하기에 흩어져 날아가는 존재가 아니라, 언젠가는 다시 돌아와 새 생명의 씨앗을 뿌릴 것이라고 조각품과 함께 생각했다. 비겔란은 한없이 조용하고 순박했지만 고뇌와 싸우며 인생의 궁극적인 목표를 표현하기 위해 한평생 조각에만 몸 받쳤다.

평생 끌 하나 들고 돌만 쪼아댔을 그를 생각하니 지금도 어디에서 망치를 두드리며 마무리 작업을 하고 있을 것만 같다. 다시 태어나도 끌과 망치를 들고 이 작업을 할까. 실물과 똑같은 조각상들을 만져보니 그의 따뜻한 체온이 아직도 남아 느껴지는 것 같았다.

오슬로시는 기증받은 비겔란의 조각품으로 길이 역사에 남을 공원을 만들었다. 예술가 한 사람의 노력으로 사시사철 세계인들이 몰려드는 유명 관광지 한 곳이 탄생한 것이다. 우리 일행도 잠시 푸른 잔디밭에 누워 유유히 흘러가는 북유럽의 솜털 구름을 올려다보았다. 조각품 하나로 전 세계인을 감동하게 한 노르웨이 예술가, 지금 비겔란은 이 세상에 없지만 인류 역사에 영원히 남을 가치 있는 인생을 살다 떠났다. 오슬로가 한없이 아름답게 보이는 것은 비겔란이 있기 때문이 아닐까.

가이드의 양 떼 몰이식 재촉으로 입장 두 시간 만에 퇴장하려니 발길이 떨어지지 않는다. 뒤돌아보니 아무것도 걸치지 않은 조각상들이 부끄러움도 잊은 채 쫓아 나올 것만 같았다. 아쉬움을 뒤로한 채 숲속 연못을 지나려니 물 위에 사람의 그림자가 선명하다. 망치를 들고 분주하게 작업하고 있는 흰머리 노인, 비겔란의 모습이 겹쳤다. 잠시 걸음을 멈춘 채 연못 위의 그림자를 망연하게 바라보았다.

옥천 향수 길

 나와 인연이 깊은 옥천을 찾는다. 음성에서 근무하다 발령 난 곳이 옥천이었다. 발령 공문을 받아 들고 걱정이 앞섰다. 당시 옥천은 근무하기 어렵다고 소문이 났기 때문이다. '아는 사람이 한 명도 없는데 어떻게 근무하지.' 이런저런 걱정으로 음성에서의 마지막 밤은 쉽게 잠이 오지 않았다.

 2003년 1월 옥천 땅을 처음 밟았다. 옥천 나들목에 도착해 차창 문을 내렸다. 칼바람이 한마디 인사도 없이 쌩하고 불어왔다. 옥천읍에 들어서자 시내는 밤사이 내린 눈으로 온통 순백색이었다. 넓은 국민학교 운동장엔 거친 눈보라가 아이들을 괴롭히고 있었다. 교정의 큰 소나무 가지도 하얀 눈송이들이 춤을 추듯 스키를 탔다.

 사무실에 들어서니 난롯가에 직원들이 옹기종기 모여 있었다. 직원뿐만 아니라 농촌에서 담배 농사를 짓던 십여 명의 비상근 이사들까지 나와 연신 담배를 피워 물고 있었다. 생각지도 않은 환

영객에 '첫날부터 겁주려고 다들 모였나?' 이런 의구심마저 들었다. 순간 긴장감이 몰려왔다. 얼떨떨한 기분으로 임원실에서 전입 인사를 마쳤다. 안도의 숨을 쉬고 사무실로 나오니 돼지고기와 막걸리 냄새가 났다. 그때 나보다 위로 보이던 선배가 팔을 잡아끌었다. 회의실에서는 벌써 막걸리 파티가 벌어지고 있었다. 36년 직장 생활하면서 대낮 막걸리 환영은 처음이었다. 초면의 직원들이 노란 양은 대접에 막걸리를 가득 따라 주었다. '오늘은 절대 취하면 안 돼' 다짐하며 정신을 바짝 차렸다. 막걸리를 반 잔씩만 받아먹는다고 다짐했지만 얼마 안 가 무너지고 말았다. 첫 출근, 초면에 얼굴은 물론 뱃속까지 붉어졌다.

이곳에서 3년 남짓 근무했다. 정년퇴직하기까지 여러 곳을 전전했지만 옥천에서 가장 정이 들었지 싶다. 근무 조건이 열악하다고 소문났었지만 기우였다. 막상 부딪쳐 보니 직원 간에 정이 넘치고 서로 배려해 주는 인간미에 하루하루가 즐거웠다. 속 좁은 내 마음도 이른 봄 노란 수선화처럼 활짝 열렸던 것 같다.

옛 생각이 간절해 오랜만에 옥천을 찾았다. 전에 같이 근무했던 직원도 만나고 지역 문화재도 돌아보고 싶었다. 옥천 입구에서 친구를 만나 37번 국도를 달렸다. 차창 밖으로 대청호 푸른 물이 봄 햇살을 만나 눈부시게 반짝거린다. 그저 바라만 보아도 순수하고 풋풋한 연인들 얼굴이다. 주변의 산등성에 일렬로 서 있는 이름 모를 나무들과 호수가 어울려 한 폭의 아름다운 그림이다. 봄이면 장계 관광지로 이어지는 향수 백릿길 국도가 화사한 벚꽃으로 장관을 이룬다. 이십여 분 지나 안남 가는 길로 접어드니 의병장 '조헌' 묘소를 알리는 이정표가 몇 번이나 보였다. 옥천에 처음 오던 날처럼 환영받는 것 같아 살포시 기분이 좋아졌.

하마산 아래 조헌 신도비 앞에 도착했다. 신도비 글씨는 오랜 세월의 흔적으로 알아보기 어려웠다. 앞에 있는 안내판을 보니 1649년에 세운 비로 좌의정 '김상헌'이 글을 짓고, 이조판서 '송준길'이 글씨를 썼다고 한다.

사당인 표충사로 발길을 옮겨 금산 전투에서 아들과 함께 순절(殉節)한 조헌 선생 영정 앞에 예를 올렸다. 묘소로 가는 언덕 길에 오르니 이끼긴 돌계단 주위로 수백 년은 되었을 소나무들이 문인석 좌우에 우뚝 서 있다. 금산 전투에서 마지막까지 함께한 의병들이 장수를 지키기 위해 늘어서 있는 늠름한 모습 같아 보였다. 잘 가꾸어 놓은 봉분을 물끄러미 올려다본다. 그때 까치 한 마리가 '푸드덕' 그 위를 날아간다. 선생의 혼이 아직도 잠들지 못하고 나라를 걱정하며 방황하는 것만 같다.

조헌 선생은 경기도 김포에서 태어나 1567년 이십삼 세에 문과에 급제했다. 이후 공조 좌랑, 사헌부 감찰 등 여러 벼슬을 지냈다. 관직에 있으면서 국가정책에 대해서 바른말을 서슴지 않았으며 성품이 대쪽 같았다. 자신의 상소가 받아들여지지 않으면 도끼로 목을 베어버리라는 뜻의 '지부상소持斧上疏'를 올리기도 했다.

학문에 조예가 깊었던 선생은 관직에서 물러난 뒤, 옥천에 '후율정사'를 짓고 제자 양성과 학문을 닦는 데 전념하였다. 1592년 임진왜란이 일어나자 조헌 선생은 나라에 관군이 엄연히 있음에도 불구하고 '영규 대사'와 함께 의병을 모집해 청주성을 탈환하였다. 이어 왜군이 금산을 공격하러 온다는 소식을 듣고 의병 칠백여 명과 함께 출전하였으나 수천 명 왜적과의 전투에서 수의 열세로 전원 전사하였다. 군인이 아니면서도 전투에 아들까지도 데리고 나가 목숨을 바쳤다. 선생 묘소에서 행적을 뒤돌아보니 아직

껏 나라를 위해 아무것도 한 게 없는 나 자신이 부끄러웠다.

바로 옆 동네의 연주리 둔주봉 전망대에 올라 굽이굽이 금강 줄기가 만들어 낸 한반도 지형을 둘러보고 옥천읍 수북리에서 시작되는 향수 호수 길로 발길을 돌렸다. 대청호반을 연결한 탐방로는 황톳길로 뚜벅뚜벅 걸으며 친구와 얘기하기 좋았다. 중간중간 쉼터도 있어 대청호의 비경을 제대로 볼 수 있는 명품 길이다.

옥천 읍내로 나와 섬세한 언어의 시인 '정지용' 생가를 찾았다. 지난가을에 이엉을 올렸는지 지붕이 금방 쪄낸 옥수수빵처럼 탱탱해 보인다. 흙 마당에 들어서니 어릴 적 고향에 온 기분이 든다. 정지용은 일제 강점기 일본에서 유학했다. 그 시절 암울했던 고향을 그리며 '향수'를 지었다. 시인도 많은 날을 고향을 그리며 살았나 보다. 고향은 변하고 옛사람도 떠났지만 마음속 고향은 나이가 들수록 더 선명하게 다가오나 보다. 어렵고 불편하게 살았던 추억은 소중하게 쌓여 세월이 흘러도 무엇과 바꿀 수 없게 되었다. 이제 고향에 자주 갈 수도 없고 가봐야 추억을 찾기도 힘들지만, 나이를 먹을수록 마음속 향수는 책가방처럼 무거워만 간다.

빛바랜 사립문을 열고 초가삼간 정지용 생가로 들어섰다. 마루 앞에서 방안을 들여다보니 요즘 보기 드문 질화로에 조그마한 책상, 그리고 하얀 등잔만이 백여 년 전 세월을 일러준다. 안방에는 시인의 아버지가 사용했다는 한약방 약장藥欌이 윗목을 지키고 누런 종이 장판 바닥에서는 아직도 콩기름 냄새가 나는 듯했다. 생가 마당에 심어놓은 산수유나무는 행방불명되었던 시인을 마중하려는 듯 노란 봉오리를 터트리며 봄을 알리고 있다. 붉은 명자나무 꽃망울도 볼이 예쁘다. 예쁘지도 않고 사철 맨발로 살았다는 시인의 동갑내기 아내도 이렇지 않았을까.

생가 바로 뒤가 문학관이다. 전시실로 들어가는 입구에 밀랍으로 만든 정지용 시인이 관람객을 맞이한다. 누구나 다 알고 있는 노래, 정지용 시인의 〈향수鄕愁〉가 흘러나왔다. 언제 들어도 뭉클한 고향 노래다.

정지용 생가 앞 실개천 주변에는 '옥천이 생명의 땅이자 문향의 고을'임을 알리는 커다란 벽화와 시구가 골목마다 흥미롭게 그려져 있다. 옥천 사람들이 시인 정지용을 얼마나 사랑하고 있는지 자랑스럽게 여기고 있는지 가늠할 수 있었다.

'신경림' 시인은 "지용이 동족상잔의 진흙밭에서 뒹굴기에는 너무 고고하고 도도한 시인이었다."고 회고했다. 정지용은 6·25 발발 와중에 갑자기 행방불명되었고 이후 정부는 그를 월북 작가로 분류해 그의 작품 모두를 판금 시켰고 학문적인 접근조차도 금지했다. 그로부터 삼십여 년이 지나 1988년에서야 그의 작품은 해금되어 우리에게 돌아왔다.

저녁때가 되니 예전에 먹었던 생선 국수가 생각났다. 여러 민물고기를 뼈째로 우려내고 그 물에 국수를 넣고 끓이면 생선 국수가 된다. 맛집을 찾아가 얼큰하고 시원한 생선 국수 한 그릇을 먹노라니 이마에 땀방울이 맺힌다. 올 때마다 고향 같은 곳, 가슴에 담아 두고 싶은 곳, 옥천은 세월이 흘러도 자주 오게 될 것 같다.

가우디와 구엘

 2017년 3월 '스페인'에 다녀왔다. 늦은 밤, '황영조' 선수가 자랑스럽게 금메달을 목에 걸었던 올림픽 도시 '바르셀로나'에 도착했다. 호텔에 도착하여 여장은 풀었지만 쉬 잠이 오지 않았다. 미지의 땅에 대한 설렘은 초보 여행이 아님에도 다시금 벅차올랐다.
 바르셀로나 중심가 '람블라스' 관광에 나섰다. 람블라스는 '까탈루냐' 광장에서 콜럼버스 기념탑이 있는 '파우' 광장까지 1km 정도 되는 산책로였다. 거리 바닥에는 물결무늬 모양의 블록이 깔려 있었다. 자연 그대로 하늘 높이 뻗어 올라간 플라타너스 나무도 여행객 마음처럼 마냥 행복해 보였다. 길거리 중간마다 오롯이 그림 작업에만 몰두해 있는 화가들과 행위 예술가들의 펼치는 다채로운 퍼포먼스가 이방인의 눈길을 끌었다.
 물을 마시려고 줄지어 서 있는 관광객들이 보였다. 이 물을 마시면 바르셀로나로 돌아올 수 있다는 전설의 수돗물 '카날레테스'였다. 관광객 틈에 끼여 쇳물 냄새가 나는 수돗물을 마셨다.

뒷사람 눈치를 보며 한 잔으론 부족할까 봐 연거푸 두 잔을 들이켰다. 혹시나 운이 좋아 바르셀로나에 정착할 일이 생기기를 바라면서….

세계적인 건축가 '가우디'의 작품이라는 '까사바뜨요'를 보러 갔다. 까사바뜨요는 지중해처럼 따뜻한 햇볕에 파도가 일렁이며 수많은 빛을 발사했다. 건물 어디에도 직선은 찾아볼 수 없이 완벽하게 곡선으로만 이루어진 작품이었다. '인간의 건축은 직선이지만 신의 건축은 곡선'이라고 말했다는 가우디의 신념대로 벽과 창들이 구불거리고 물결치며 나를 향해 달려드는 것만 같았다.

가우디 최고 걸작이라는 '사그라다 파밀리아' 성당 꼭대기를 올려다보았다. 가우디가 죽을 때까지 매달렸던 유작답게 섬세하고도 웅장했다. 게다가 아직도 공사 중이라 중장비 소음이 여기저기에서 들려왔다. 성당 안으로 들어서니 스테인드글라스를 통해 들어오는 화려한 빛이 내부를 온전히 감싸고 있어 잠시도 눈을 뗄 수가 없었다.

　유럽인들이 가장 살고 싶은 도시로 바르셀로나를 꼽는다는데 그 이유가 무엇일까. 람블라스 거리에서 산책하고, 까사바뜨요에서 일하고, 친구들과 구엘 공원에서 만남을 즐기고 싶어서 그런 게 아닐까 싶다. 가우디의 작품 중 가장 이름난 것은 뭐니 뭐니 해도 '구엘 공원'이다. 완벽하게 자연과 어우러진 공원을 거닐다 보면 고민이나 근심 따위는 어디론가 사라진다. 밝은 햇살 아래 반짝이는 모자이크는 온종일 바라보고 있어도 지루하지 않다. 동화 속에 들어 온 듯한 풍경은 입가에 저절로 미소를 띠게 만든다. 가우디의 후원자였던 구엘이 다른 곳을 모두 제쳐 두고 왜 구엘 공원에 묻히길 바랐는지 이해할 수 있을 정도로 구엘 공원은 퍽 아름다웠다.

　'모든 것은 자연이라는 한 권의 위대한 책에서 나온다. 인간의 작품은 이미 인쇄된 책이다.' 안토니 가우디가 한 이 말의 의미는 바르셀로나를 떠날 때쯤에서야 알게 되었다.

　가우디는 1852년 가난한 구리 세공업자의 아들로 태어났다. 가우디의 작품은 어떤 건축 양식으로도 분류할 수 없을 정도로 자유롭고 독특한 개성이 넘쳐흐른다. 가우디의 대표작품 일곱 개가 유네스코 문화유산으로 지정되어 있다. 바르셀로나시는 가우디의 물결무늬 보도블록을 거리 전체에 깔기 위해 대대적인 공사를 벌이고 있었다.

여느 천재들이 그렇듯 가우디도 꽤 고집이 센 사람이었다. 건축학교 학생 시절 교장은 자신의 설계에 대해 따지고 대드는 가우디가 건방지다며 졸업시키지 않으려고 했다. 하지만 가우디의 천재성을 알아본 다른 교수들의 중재로 간신히 졸업장을 받을 수 있었다.

가우디가 건축을 위해 모든 것을 걸었다면 친구인 구엘은 가우디를 위해 자신의 모든 것을 바쳤다. 구엘은 자기 돈으로 가우디의 전시회를 열 정도로 가우디의 천재성에 대한 확신이 있었다. 또한 가우디가 원한다면 수익성에 대해서는 따지지도 않고 건축비용을 지급했다.

그들의 관계는 예술가와 후원자를 넘어선 관계였다. 평생 결혼도 하지 않고 건축에만 매달렸던 가우디에게 구엘은 유일한 친구이자 가족이었다. 다른 이들이 모두 가우디를 비웃을 때 구엘만은 처음부터 끝까지 작품에 찬사를 보내 주었기에 그만의 독특한 작품 세계를 지켜나갈 수 있었다.

수많은 사람의 손길로 반질반질해진 구엘 공원의 모자이크 벤치에 앉아 구엘을 생각해 봤다. 누구보다 먼저 가우디의 천재성을 알아봐 준 것이 고맙고, 외로운 가우디의 곁을 끝까지 지켜준 것이 정말 감사하다. 만약 구엘이 없었다면 바르셀로나에 구엘 공원도, 사그라다 파밀리아 성당도 만들어질 수 없었을 것이다.

12일간의 대장정을 마치던 날. 하얀 색깔 마을, 광활한 지평선, 끝없이 펼쳐지던 올리브나무 과수원에 가우디와 구엘의 우정이 붉디붉은 낙조처럼 아름답게 내려앉고 있었다.

백마강 시인

갈마도서관의 인문학 행사에 따라가 보았다. 도서관이 10분 거리라 게으름을 피웠더니 약속 시간이 촉박하다. 마스크를 챙겨 쓰고 부랴부랴 1층으로 내려갔다. 오랜만의 나들이를 시샘이나 하려는 듯 가랑비가 나뭇잎을 간지럽힐 정도로 내렸다.

상가 앞 떡집을 지나려니 구수한 냄새가 수증기를 타고 풍겨 나온다. 빨간 모자를 쓴 아주머니가 김이 모락모락 나는 떡을 한석봉 어머니처럼 가지런히 썰고 있다. 점심으로 먹으려고 두 팩을 샀다. 카드를 내고 영수증을 받았는데 글씨가 보이지 않는다. 그때 서야 '아차! 안경을 빼놓고 왔네' 하며 당황했다. 평소 덤벙대는 성격이 오늘도 유감없이 발휘됐다. 안경을 가지러 다시 집으로 가기에는 너무 늦었고 그냥 하루 버티기로 마음먹었다.

도서관에 도착해 희미하게 보이는 출석부를 찾아 간신히 체크를 마쳤다. 하지만 남은 하루를 어떻게 보내야 할지 걱정이 앞섰다. 몇 년 전부터 노안이 찾아와 이제 안경 없이는 아무것도 할 수

없는 신세가 되었다. 안경을 몸에 달고 다닐 수 없을까. 거실에 있는 TV가 내비게이션처럼 안경을 가지고 나가라 안내해 주면 어떨까. 말도 되지 않는 상상만 해 본다.

일행을 태운 버스가 시내를 벗어나자 조용히 내리던 봄비도 그쳤다. 펑펑 좀 쏟아져 봄 가뭄을 해결해 주었으면 좋으련만 이것 또한 마음대로 되지 않는다. 논산 쪽을 지나려니 차창 밖으로 보이는 야산마다 밤나무꽃이 활짝 피었다. 하얀 면사포를 쓴 신부 같이 보였다. 드넓은 들판에 심은 벼들은 벌써 흙냄새를 맡았는지 포기마다 가지를 쳐 파란 잔디밭 같았다.

대전에서 출발한 지 한 시간 만에 부여 '신동엽문학관'에 도착했다. 버스에서 내려 생가로 가는 골목에는 '신동엽' 시인 대신 그가 남긴 유명한 시구들이 담장 벽에 서서 우리를 맞아 주었다. 시인은 걷기를 좋아했다. 아침저녁 산책을 다닌 동산에 발자국이 쌓여 이 길이 되었다고 한다.

한국 서정시의 전통과 맥을 같이한 신동엽은 생애 대부분을 이곳에 살면서 작품을 구상하고 창작했다. 시인이 살았던 동남리 집 앞에는 미나리꽝이 자라던 조그만 웅덩이가 있었다.

생가 초가집 마루에 앉아본다. 시인은 이곳에서 일제 강점기 야학 운동을 했고, 해방 후에는 친구들과 문학 공부를 했다. 틈틈이 기타를 치기도 했다는 청년 신동엽이 금방이라도 골목에서 달려 나올 것 같았다.

시인의 아내 '인병선'은 시인이 남긴 소중한 자료들을 모아 문학관에 기증했다. 신동엽의 유물과 유품들은 생활사 박물관을 구성하게 할 만큼 완벽에 가까운 전시 자료였다. 1930년에 태어나 식민지, 전쟁, 분단의 역경을 견뎌낸 개인의 발자취다. 문학관 정문에 있는 황동 벤치가 잠깐 얼굴을 내민 햇살에 금강 물결처럼 빛났다.

신동엽은 「껍데기는 가라」에서 '사월도 알맹이만 남고 껍데기는 가라'고 노래한 이후 그 알맹이의 역사를 서사시로 다시 썼다.

선생이 떠난 지 벌써 50년, 주변은 도시화로 모두 변했다. 하지만 초가삼간 옛집과 뒤란에 있던 감나무는 옛 모습을 간직한 채

제자리에 서 있었다. 39세에 부여를 떠난 선생을 아직도 잊지 못하고 고개를 빼 들고 기다리는 감나무 한 그루가 애처로워 보였다.

신동엽 생가지를 뒤로하고 부소산성에 올랐다. 입구에 도착하니 부안에서 왔다는 초등학생이 한 무리 모여 있다. 무엇이 그리도 재밌는지 학생들 웃음소리는 끊이질 않았다. 다시 내리는 빗속에 아이들 오색 우산이 줄지어 선다. 낙화암으로 넘어가는 소나무 오솔길에 이름 모를 새들의 지저귐이 처연하게 부소산을 울렸다.

아름다운 소나무 숲과 백제의 향기가 어우러진 '부소산성'은 백제 성왕 때에 축조한 것으로 둘레가 2,200m나 된다. 백제의 도성으로 사비 천도 후 멸망할 때까지 126년간 국도의 중심지였다. 울창한 상수리나무 숲을 지나 백화정에 오르니 시원하게 흘러가는 백마강이 수채화처럼 펼쳐졌다. 숨 가쁘게 흘러가는 강물이 무섭게 보이는 가파른 절벽이다. 이 절벽에서 수많은 궁녀가 바람에 떨어지는 꽃잎처럼 강물에 뛰어들었다니 생각만 봐도 가슴이 저리다.

낙화암 아래에 있는 '고란사'는 백제 여인들을 추모하기 위해 지어졌다. 이곳은 고란초 한 잔을 마시면 3년은 젊어진다는 약수가 유명하다. 바위 속 깊은 곳에서 솟아 나오는 약수를 한 모금 마시니 뱃속까지 시원하고 상쾌하다. 3년 젊어진다는 말에 두 잔을 연거푸 마셨다.

고란사 선착장에서 백마강 황토 돛배를 탔다. 선장의 안내 설명이 끝나자 '꿈꾸는 백마강' 노래가 구슬프게 흘러나왔다. 낙화암을 가까이 보기 위해 난간에 섰다. 금강 하류라 그런지 흘러가는 물살이 몹시도 거칠다. 삼천 궁녀들이 울부짖으며 투신해서 그럴까. 영혼들이 지금까지 떠나질 못해서 그럴까. 강바닥도 보이지 않는 혼탁한 강물에서 처절하게 쓰러져 간 궁녀들의 외마디 소리가 들리는 것 같았다.

구두래 선착장에 도착해 '궁남지'로 갔다. 우리나라에 현존하는 가장 오래된 인공정원이다. 서동과 선화공주의 사랑 이야기는 몇 번을 다시 들어도 설렘으로 다가온다. 아름다운 전설이 깃든 곳에 연꽃마저 어우러져 사계절 아름다운 생태공원이 되었다. 축 늘어진 버드나무 가지마다 연녹색 이파리가 마냥 푸르다. 부슬부슬 내리는 빗방울에 연잎들은 다소곳이 고개를 숙인다. 수정처럼 맑은 물방울이 그네를 타듯 미끄러진다.

일행들과 천천히 사진도 찍고 분위기 좋은 카페에서 차도 한잔하며 좀 더 부여에 머물고 싶었다. 하지만 정해진 탐방 시간이 짧아 한 시간 만에 아쉽게 발길을 돌려야 했다.

다음 달 칠월이면 홍련·백련도 만발하고 연꽃축제도 열린다니 그때 다시 부여를 찾아봐야겠다.

에필로그

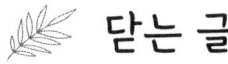 닫는 글

직장 퇴직 후, 수필을 써 보겠다고 겁 없이 대들었지만 언제나 뒷심이 부족한 저를 다시 들여다보게 되었습니다.

진실하게 고백한다고 썼지만 어디론가 숨고 싶고 부끄러운 마음이 앞섭니다. 등단 3년 차, 아직도 생각대로 잘 써지지 않습니다. 마음만 급해 다듬질도 제대로 못 하고 책을 내놓는 것 같아 죄스러운 마음입니다. 바람이 있다면 한 작품이라도 내 삶의 흔적에 공감하고 고개를 끄덕여 주었으면 좋겠습니다.

지난 세월 뒤돌아보니 나를 힘들게 했던 사람도 있었습니다. 하지만 그 사람보다 나를 안아주고 편하게 가라며 마차까지 태워 준 사람이 더 많았습니다. 그릇이 작았던 저를 기꺼이 자기 사람으로 인정해주고 보증도 서주셨지요. 수많은 인연의 타래 줄이 있었기에 지금의 제가 있습니다. 그런 기억을 더듬어 보노라니 아직도 신세를 다 갚지 못하고 나이만 먹어갑니다. 십분의 일이라도 갚아야겠다는 심정으로 서툰 글 속에 추억을 소환해 보았습니다.

첫 수필집에 만족할 수 없지만, 다음을 위해 기꺼이 유기질 거름이 되리라 믿습니다. 미흡하지만 시작할 수 있었음에 감사합니다.

가을꽃과 과일은 모두 아름답고 맛이 좋습니다. 일 년을 열심히 살아온 그들이기에 그 어떤 것과 비교가 되지 않습니다. 한송이 국화가 더없이 아름다운 것도 빨간 사과가 입안을 달콤하게 해 주는 것도 한여름의 무더위를 이겨내고 긴 시간을 꿋꿋하게 지켜온 끈기 때문이겠지요.

출간에 기꺼이 추천의 글을 써 주신 〈한국문인협회〉 이사 최중호 수필가, 교정을 해 주신 강표성·송심순·조성순 수필가. 신미경 시인, 아름다운 수필집을 출간해 준 도서 출판 〈이든북〉에 감사드립니다. 가장 가까운 거리에서 평생 묵묵히 가정을 지켜준 준 아내와 성실하게 잘 살아주는 아들 딸에게도 고마움을 전합니다.

가을 햇살이 단풍잎을 더욱 곱게 물들여 주는 오후, 푸른 하늘에 하얀 구름도 발걸음이 가볍습니다.

2022년 10월

이 득 주

오슬로의 하얀 밤

2022년 11월 1일 초판 1쇄 펴냄

지은이 _ 이득주
펴낸이 _ 이영옥
편집인 _ 최윤지
펴낸곳 _ 도서출판 이든북

신고번호 _ 제2001-000003호
주　　소 _ (34625) 대전광역시 동구 중앙로193번길 73
대표전화 _ 042-222-2536
팩시밀리 _ 042-222-2530
휴대전화 _ 010-6502-4586
전자우편 _ eden-book@daum.net
공 급 처 _ 한국출판협동조합
주문전화 _ (02)716-5616
팩시밀리 _ (031)944-8234~6

ⓒ이득주, 2022
ISBN 979-11-6701-185-5(03810)
값 13,000원

* 지은이와 협의하여 인지는 생략합니다.
* 이 책 내용과 사진 전부 또는 일부를 재사용하려면 반드시 지은이와 이든북 양측의
  동의를 받아야 합니다.
* 무단 전재 및 복사 배포를 금합니다.

* 이 책은 2022년도 대전광역시, (재)대전문화재단에서 사업비 일부를 지원받았습니다.